Bangladesh

Bangladesh 991

MENSEN · POLITIEK · ECONOMIE · CULTUUR · MILIEU

L
A
N
D
E
N
R
E
E
K
S

Jos van Beurden

KONINKLIJK INSTITUUT VOOR DE TROPEN · NOVIB · II.II.II

Jos van Beurden werkte in de jaren zeventig in Bangladesh. Hij onderzocht de situatie van arme boeren en dorpsvrouwen en publiceerde daarover (met Jenneke Arens) *Jhagrapur: Poor Peasants and Women in a Village in Bangladesh.* Van Beurden werkt sindsdien als freelance journalist, keerde regelmatig terug naar Bangladesh en met name ook naar het dorp Jhagrapur.

KIT Publishers
Postbus 95001, 1090 HA Amsterdam
E-mail: publishers@kit.nl
Websites: www.landenreeks.nl en
www.kit.nl/publishers
België: www.11.be/uitgeverij en
www.landenreeks.be

De Landenreeks is het resultaat van samenwerking tussen het Koninklijk Instituut voor de Tropen, Novib en 11.11.11.

ISBN 90-6832-408-X
NUR 517/900

© 2004 KIT Publishers – Amsterdam /
Novib – Den Haag.

Productie en eindredactie
Hans van de Veen/Bureau M&O

Kernredactie
Karolien Bais, Marcel Bayer, Lianne Damen, Corine van Kelecom, Ineke van Kessel, Jessica Teunissen, Hans van de Veen

Omslagfoto
Na een overstroming duiken jongens in het water
Chris Stowers/Panos Pictures

Cartografie
K. Prins, M. Rieff jr.

Infographics
Mediagraphix, Hilversum

Lithografie
ColorSet, Amsterdam

Productiebegeleiding
Meester & de Jonge, Lochem

Zetwerk
MMS Grafisch Werk, Amsterdam

ABONNEMENTEN
Wie een abonnement neemt op de Landenreeks (zeven titels per jaar), krijgt elk deel met korting thuis gestuurd.

Abonnementenadministratie:

Nederland	België
Novib	11.11.11
Postbus 30919	Vlasfabriekstraat 11
2500 GX Den Haag	1060 Brussel
070-342 17 77	02/536 11 22

LOSSE VERKOOP
Verkrijgbaar in de boekhandel.

DISTRIBUTIE BELGIË
11.11.11
Vlasfabriekstraat 11
1060 Brussel
02/536 11 22

LEVERBARE TITELS UIT DE LANDENREEKS

Afghanistan • Albanië • Angola • Argentinië Armenië • Bangladesh • Bhutan • Birma Bolivia • Bosnië-Herzegovina • Brazilië Bulgarije • Burkina Faso • Cambodja • Chili China • Colombia • Congo DR • Costa Rica Cuba • Egypte • Ethiopië* • Filipijnen Georgië • Guatemala* • Haïti • India* Indonesië* • Irak* • Ivoorkust • Japan • Kenya

Korea • Laos • Libanon • Macedonië Madagaskar • Maleisië & Singapore Marokko • Mexico • Nepal • Nicaragua Nigeria • Oekraïne* • Oman en de emiraten aan de Golf • Peru* • Roemenië • Rwanda Saudi-Arabië • Servië-Montenegro • Sri Lanka Sudan • Suriname • Syrië • Thailand • Turkije Uganda • Vietnam • Zuid-Afrika

* verschijnt in 2004/2005

INHOUD

INLEIDING

Bodemloze put of gouden Bengalen?

Daud is nu 45 jaar. Hij heeft een stevig ontbijt achter de kiezen, net vis gekocht voor later op de dag en zit ontspannen in zijn kruidenierswinkel langs de weg. Straks gaat hij werken voor een boer. Ik ken Daud sinds 1973. Zijn moeder – ze is al jaren dood – was soms nachten lang bezig rijst te pellen. De hele nacht door klonk het monotone geluid van de stamper en soms dat van haar stem, als ze zong om zich wakker te houden. De twee leidden indertijd een hondenbestaan. Er was geen geld voor eten of kleding, laat staan voor een dokter. Vaak aten ze maar één keer in de twee dagen. Tien jaar geleden kocht Daud een stukje land. 'Dat was het gelukkigste moment uit mijn leven.' Het was zo groot dat zijn huis erop paste en er een plekje overbleef voor wat groente en rijst. Twee jaar geleden was Daud een tijd lang ziek vanwege tbc en moest hij geld lenen. Van een geldschieter. Die nam Daud's lapje grond als onderpand. Nu is Daud weer landloos.

Rumana is 28 jaar. Zij werkt op een architectenbureau in Dhaka en heeft twee dagen vrij genomen voor een boottocht door de Sundarban in het zuidwesten. Ze geniet van het water, de stilte, de dieren op de oevers en de bontgekleurde vogels in de lucht. Rumana heeft haar opleiding tot architect voltooid. Haar vader heeft een baan bij de overheid. Haar moeder doet het huishouden. Het zijn gematigde moslims. Rumana heeft een beurs gekregen om in het buitenland architectuur en ontwikkelingsproblematiek te studeren. Haar droom? Huizen ontwerpen, die van lokaal materiaal worden gebouwd, mooi zijn en passen bij de dorpsbewoners. Ze is zenuwachtig, want ze gaat over drie dagen trouwen. 'Het is iets tussen een gearrangeerd en een liefdeshuwelijk in. Ik ken hem al enige tijd.' Haar ouders hebben haar helpen kiezen.

Bangladesh is een land van uitersten. Met zijn eindeloze rijstvelden, slechts onderbroken door rivieren en door groepen bomen met daarachter dorpen, is het schitterend mooi. Het heeft prachtige bloemen en heerlijk fruit. Rijst, vis en verse groentes in overvloed. Een gastvrije bevolking. Mensen zijn altijd in voor een ontmoeting. De economie groeit. De bevolking neemt minder snel toe dan voorheen. De textielsector heeft winst en werk gebracht. Lokale ontwikkelingsorganisaties leveren topprestaties op het gebied van microkrediet, in het onderwijs en de gezondheidszorg.

De afgelopen decennia zijn op het platteland tal van betonnen constructies gebouwd, waar de bevolking bij naderend noodweer een toevlucht kan zoeken

Bangladesh is ook een keiharde samenleving van veel te veel mensen, waar keihard gevochten wordt om elk stukje grond, waar vrouwen worden onderdrukt en grootschalige kinderarbeid de keerzijde van de macro-economische groei is. Bangladesh is het land met een volstrekt onbedwingbare delta en met mensenverslindende natuurrampen. Klimaatverandering en erosie zullen Bangladesh nog voor enorme problemen stellen. Het is een land waarin men nooit precies weet in welke mate moslimradicalen de traditionele religieuze tolerantie ondermijnen. Er is veel corruptie en wanbeleid.

Maar Bangladesh is al lang niet meer die 'permanente ramp' die het in de jaren zeventig en tachtig van de vorige eeuw werd genoemd. De Bengalezen noemen hun land liever het *Gouden Bengalen*. Hun veerkracht houdt hen overeind. Na elke klap, gekapseisde veerboot, te vroeg gestorven kind of mislukte oogst komen zij overeind en gaan door. Wie zijn die Bengalezen? Hoe zijn zij geworden wie zij zijn? Hoe verdienen zij hun brood? Wat heeft Bangladesh ons te bieden?

Winkelier Daud in het dorp Jhagrapur, met vrouw en dochter   JOS VAN BEURDEN

I GESCHIEDENIS EN POLITIEK

Hobbels op weg naar moderne samenleving

Wie in de regentijd in Bangladesh gaat landen, ziet onder zich op veel plaatsen alleen water met hier en daar een weg over een dijk en huizen op terpen. Tijdens de moesson staat een groot deel van het land blank. Geen Bengalees die dat zorgen baart. Water is nodig om voedsel te verbouwen. De Ganges, Jamuna, Meghna en talloze andere rivieren zorgen elk jaar voor overstromingen, die de grond het nieuwe laagje slib bezorgen dat de gewassen van het volgende seizoen doet groeien.

In Dhaka is de kakofonie haast onbeschrijfelijk. Drommen lopende mensen, kriskras door elkaar, ieder heeft haast. Alleen, of met een mand op het hoofd, een kind aan de borst of een karretje voor zich uitduwend. Slierten rijdende mensen. In een kleurrijke *riksja* (fietstaxi), bomvolle babyscooters, taxi's, eigen auto's, kleine, middelgrote en grote bussen en vrachtauto's. Letterlijk adem benemende dieselwalm. Zelfs als tijdens een algemene staking alle motoren zwijgen en er geen fietstaxi rijdt, is het nog niet stil. Daar zorgen de altijd doorgaande zachte en luide gesprekken voor, de spelende kinderen of de kraaien die vechten om etensresten op een vuilnishoop. In een land dat nog niet vier keer zo groot is als Nederland, en minder dan vijf keer België, wonen 140 miljoen mensen.

Dertig kilometer buiten de hoofdstad voel je de rust neerdalen. Overal is het vertrouwde krachtige groen van goed groeiende rijst. De velden worden afgewisseld door kleine plantages met bananen en palmen, door velden met jute of rietsuiker, of door groepen bomen. Achter die bomen staan bakstenen huizen en lemen hutten met rieten daken. Op de velden is altijd wel een boer bezig. Over een nieuwe asfaltweg duwen mannen een met zakken rijst volgeladen fietstaxi, één trekt aan de voorkant. Drie mannen, gekleed in kleurrijke *lungi's* (omslagdoeken) en met manden met groenwitte aubergines, grote spinaziebladeren en tomaten op het hoofd, zijn op weg naar de *hat* (markt).

De markt ligt aan de overkant van de rivier. Een bootsman zet in zijn punter twaalf passagiers tegelijk over. In de rivier staan netten uit waarmee de buurt de dagelijkse portie vis vangt. De markthal bestaat uit betonnen pilaren en een houten overkapping met dakpannen erop. Daaronder zitten verkopers van vlees, granen, kruiden, linzen in alle maten en kleuren en textiel. Torentjes van geel poeder en felrode en groene pepertjes. Daaromheen de handelaren in gereedschap en keukenspullen uit China, bananenverkopers, De mannen met de groentes zoeken daar ook een plekje. Vrouwen zie je nauwelijks.

■ Breekbare democratie

Bangladesh verwierf na een bloedige strijd in 1971 zijn onafhankelijkheid. De nieuwe staat had twintig jaar nodig om de eerste vrije en democratische parlementsverkiezingen te houden. Daaraan deden bijna 2.800 kandidaten van 75 politieke partijen mee. Zo'n 33 miljoen mannen en 29 miljoen vrouwen togen naar de stembus. Overwinnaar werd de Bangladesh Nationalist Party (BNP) van Begum Khaleda Zia. Zij werd daarmee in 1991 's lands eerste vrouwelijke regeringsleider en beheerst (met een andere vrouw) nog steeds de politieke arena van Bangladesh.

Khaleda Zia en Sheikh Hasina Wajed   Khaleda Zia, in 1945 als dochter van een koopman geboren, werd op 13-jarige leeftijd uitgehuwelijkt aan legerkapitein Zia-ur Rahman. Zia was een held uit de onafhankelijkheidsstrijd en van 1975 tot 1981 de sterke man van het land. Hij ontnam het parlement veel bevoegdheden en voerde een presidentieel stelsel. In 1981 werd hij vermoord door een medeofficier uit de kring van de vrijheidsstrijders. Zijn weduwe nam in 1984 de voorzittershamer in de BNP over.

De parlementaire verkiezingen van 1996 werden gewonnen door de tegenpool van de BNP, de Awami Liga (AL; *awami* = volk) van Sheikh Hasina Wajed. Hasina is de dochter van vader des vaderlands, Sheikh Mujibur Rahman. Deze Mujib ageerde in de jaren veertig tegen het Britse koloniale bestuur. Hij was medeoprichter en vanaf 1952 secretaris-generaal van de AL. In maart 1971 riep hij de onafhankelijkheid van Bangladesh uit. In de daarop volgende burgeroorlog tegen het Pakistaanse leger werd hij het symbool van de vrijheidsstrijd. Na de onafhankelijkheid werd hij regeringsleider. In 1975 kwam Sheikh Mujibur bij een staatsgreep om het leven.

De politieke verhoudingen in Bangladesh zijn sterk gepolariseerd. De partij die de verkiezingen verliest, is er vooral op uit het leven van de winnaar zuur te maken. De middelen daartoe zijn het organiseren van algemene stakingen (*hartals*), het boycotten van lokale verkiezingen en het niet bijwonen van parlementszittingen. AL en BNP wisselen elkaar af. Hun programma's staan vol socialistische retoriek, terwijl zij in de praktijk vooral de belangen dienen van de langzaam groeiende ondernemersklasse, de rijke boeren en de hogere ambtenaren. Volgens de BNP is Bangladesh islamitisch en zijn goede relaties met de Arabische wereld van belang. De AL is voorstander van een seculiere staat. Goede relaties met buurland India staan voorop.

In de periode 1996-2001 deed de AL-regering veel om het belastingstelsel te verbeteren. Dat was niet makkelijk, want tweederde van het economisch leven speelt zich af in het grijze circuit. Volgens cijfers van de Wereldbank brachten in 1998 slechts 731 individuen ruim de helft van de inkomstenbelasting op; 312 bedrijven betalen ruim de helft van de belasting voor ondernemingen. Vanaf 1998 moet iedereen in de stad die over een telefoon-

Dhaka, 1 september 2003: aanhangers van de Bangladesh Nationalist Party marcheren achter een portret van premier Khaleda Zia, tijdens de viering van de 25ste verjaardag van de partij

Dhaka, 14 november 2003: textielwerksters protesteren tegen de gewelddadige dood van verschillende van hun collega's tijdens een eerdere demonstratie, waartegen de politie toen hard optrad. Zij eisten betaling van achterstallige salarissen en bonussen.

Een onrustige regio: in het Dum-Dumia kamp in Cox's Bazar (Chittagong provincie), dat wordt gerund door de VN-vluchtelingenorganisatie UNHCR, verblijven 70.000 vluchtelingen uit het naburige Myanmar (Birma).

Vlag
Het groene veld symboliseert de vruchtbaarheid van het land én de islam. De rode schijf staat voor het bloed dat is vergoten voor de vrijheid.

aansluiting beschikt, een auto of onroerend goed op zijn naam heeft staan, een belastingformulier invullen. In 2001 betaalde een miljoen Bengalezen belasting. Dat geeft de regering meer armslag. Terwijl in 1991 slechts 10 procent van het ontwikkelingsbudget uit eigen middelen werd gefinancierd, kon Bangladesh tien jaar later bijna de helft zelf bijdragen. Minder succesvol was de AL-regering in het privatiseren van indertijd door Mujib genationaliseerde bedrijven.

Bij de laatste parlementaire verkiezingen, eind 2001, werd veel geweld gebruikt. In de zomer van dat jaar riep de organisatie Transparancy International Bangladesh uit tot het meest corrupte land ter wereld. De BNP gebruikte dat gegeven in de verkiezingen. Khaleda Zia sloot een coalitie met drie andere partijen, waaronder de fundamentalistische Jamaat-i-Islami en Islam Oikya Jote. Dat was genoeg om te winnen en de nieuwe coalitie te vormen. Khaleda Zia ontkent dat haar regering te veel moslimradicale trekjes vertoont.

Kort na haar aantreden publiceerde de regering een witboek met tientallen zware corruptiegevallen waaraan Sheikh Hasina en de AL zich schuldig hadden gemaakt.

Tegelijk werden alle corruptiezaken tegen BNP-leden geschorst. In oktober 2002 kondigde de regering *Operation Clean Heart* aan, die corruptie en misdaad moest uitbannen. De daarbij ingezette 46 duizend soldaten en politiemannen arresteerden duizenden mensen die verdacht werden van illegaal wapenbezit en corruptie. Soms ging het ook om het uitschakelen van politieke tegenstanders. De AL noemde de operatie een vorm van niet-verklaarde staat van beleg. De BNP-regering voerde enkele wetten door om het optreden van leger en politie te dekken. Journalisten en mensenrechtenactivisten die kritisch over de operatie berichtten werden geïntimideerd. Volgens de internationale organisatie Reporters without Borders maakte dit duidelijk dat Bangladesh het meest gewelddadige land is voor journalisten. Er kwamen er de afgelopen periode veertig om het leven. Vanwege de vele kritiek trok de regering in 2003 het leger terug uit Clean Heart en werd de operatie op een lager pitje voortgezet.

De afgelopen jaren boekte de BNP-regering enkele successen. De economie blijft groeien, hoewel niet spectaculair. Op het gebied van het milieu zijn nieuwe initiatieven ontplooid. Zo kwam er een *National Environmental Action Plan* en werd het ministerie van Milieu versterkt. Het middenkader wordt bijgeschoold. Maar de verkiezingsbelofte om een einde te maken aan corruptie, geweld en rechteloosheid zijn nauwelijks waargemaakt. Eind 2003 gaf de regering in een, samen met het VN Ontwikkelingsprogramma UNDP geschreven, rapport toe dat vooral de honderdduizend man tellende politie corrupt en incompetent is, een obstakel voor vooruitgang. Zo blijven talloze moordzaken onopgehelderd. Volgens Transparancy International is Bangladesh nog steeds koploper op corruptiegebied.

■ Deel van het Mogul-rijk

Over de vroegste geschiedenis van het land is weinig bekend. De oorspronkelijke groepen bewoners hadden namen als Kol, Sabara, Polinda, Hadi of Bang. De taal van die laatste leek sterk op de Dravidische talen die nu nog in Zuid-India worden gesproken. Later drongen er Tibeto-Burmaanse stammen binnen. De huidige bewoners van de Chittagong Hill Tracts en de omliggende Indiase deelstaten Meghalaya en Tripura zijn het meest met hen verwant.

Vanaf 1400 v. Chr. vielen Indogermaanse Ariërs vanuit Afghanistan Zuid-Azië binnen. Deze invallen hadden op den duur ingrijpende gevolgen voor het moerassige en jungleachtige Bengalen (het huidige Bangladesh, plus de

Indiase deelstaat West-Bengalen). Hoewel de Ariërs Bengalen zelf nooit bereikten, deed de onder hun invloed ontwikkelde strenge geleding van de samenleving dat wel. Het hindoeïsme, waarin het kastenstelsel zijn recht-vaardiging vond, werd de belangrijkste godsdienst. De hoogste kaste, die der *brahmanen*, kreeg de grond in handen. De een na hoogste, die der *kayasthas* (de krijgers), hielpen de brahmanen bij het innen van belastingen en verdere bestuur. De meeste boeren in Bengalen kwamen in de lagere kasten terecht of wer-den kasteloos. Zij belandden onder aan de maatschappelijke ladder. Zij had-den een hekel aan de brahmanen, die hen afpersten. Een 14de-eeuwse boed-dhistische dichter schreef over hen: 'Krijgen zij die vergoedingen niet, dan steken zij een dorp in brand. Met tien of twintig komen zij tegelijk... Ieder-een is bang voor hen.' In reactie op deze maatschappelijke ongelijkheid kreeg het boeddhisme vanaf de 5de eeuw v. Chr. voet aan de grond in Ban-gladesh. Dat bewijzen recente bodemvondsten. Vanaf dat moment wisselden hindoeïstische en boeddhistische heersers elkaar af.

De Bengalese boerenbevolking maakte indruk op buitenlanders. De Chi-nese Hiuen Tsang werd in de 7de eeuw getroffen door de regelmatige en intensieve bebouwing van het deltagebied en de rijke productie van granen, fruit en bloemen. Volgens zijn Marokkaanse collega Ibn Battuta was de situ-atie in de 14de eeuw nog hetzelfde. Hem viel ook de vruchtbare grond op en het nijvere gebruik ervan door de bevolking. Hij viel van zijn paard toen hij zag hoe hindoeïstische vrouwen zich bij de dood van hun man levend lieten mee verbranden.

Stichting van Dhaka Dat veel Bengalezen, en ook andere Zuid-Aziaten zich tot de islam bekeerden, was een reactie op het strenge kastenstelsel. De islam kreeg een extra stimulans doordat moslimheersers die het subcontinent eeuwenlang bestuurden, islamitische immigranten uit de hele islamitische wereld aan-trokken. Moslimkooplieden uit het Arabisch schiereiland, Perzië en Irak vestigden zich langs de kusten van Zuid-Azië. Vanwege de vruchtbaarheid van de grond in Bengalen, vestigden de meeste moslimboeren zich in dit deel van het subcontinent. Onder hen waren vooraanstaande godsdienst-leraren, van wie in een enkel geval het graf nog bekend is. Overal kwamen moskeeën en koranscholen. Daaromheen vormden zich gemeenschappen. Delhi, de huidige hoofdstad van India, was toen de zetel van een islamitisch sultanaat. In de 14de eeuw kwam Bengalen los van Delhi en kreeg het gebied eigen hoofdsteden. Een daarvan werd Dhaka.

Begin 16de eeuw arriveerde de islamitische Mogul-koning Baber van Kabul in Noord-India. Hij stichtte het rijk der Groot-Moguls. Delhi was zijn hoofdstad. Zijn opvolger Hoemajoen voerde tien jaar strijd tegen Sjer Sjah, de Afghaanse koning van Bengalen maar verloor. Uiteindelijk lukte het Akbar de Grote in 1576 wel Bengalen en Bihar bij het Mogul-rijk in te lijven. Het werden vooral wingewesten, waar Akbar en zijn opvolgers witte peper, gember, lak, indigo en zijden mousseline vandaan haalden. De Mogul-vorsten noemden het gebied 'een paradijs op aarde' en vergeleken het met de vruchtbare oevers van de Nijl. Er groeiden rijst en katoen in overvloed. In diezelfde tijd verschenen Portugezen voor de kusten van Zuid-Azië. Zij legden onder andere aan bij Chittagong en Hoogly (Calcutta). Akbar verzet-te zich tegen hun zeeroof en slavenhandel en maakte van het dorp Dhaka in 1582 een militaire vesting en vlootbasis. Spoedig deden ook kooplui van de Vereenigde Oost-Indische Compagnie (V.O.C.) de kust van Bengalen aan. Omdat zij net als de Britten alleen kwamen om handel te drijven, waren zij welkom. Spoedig vestigde de 'multinational' een eigen kantoor en een eigen fort aan de monding van de Ganges. Later kwam er een V.O.C.-vestiging in Dhaka. De V.O.C. had 750 zijdewevers onder contract. In de Hollandse kan-toren was het een vrijgevochten bende. Corruptie en zelfverrijking vierden er hoogtij.

Omstreeks 1700, onder Aurangzeb, was het Mogul-rijk op zijn hoogte-punt. Het omvatte het huidige Pakistan, Bangladesh en het grootste deel van India. De islam werd de grootste godsdienst in Bengalen. Daarna verviel het rijk. Rond 1750 reikte de feitelijke macht van de Mogul-vorsten niet veel verder dan Delhi en omgeving, en trad de gouverneur van Bengalen op als zelfstandig vorst. In 1690 vestigde de Britse East India Company zich in Calcutta. Dat werd de inleiding tot een nieuwe fase in de geschiedenis van Bengalen.

■ Deel van Brits-Indië

Vanaf halverwege de 18de eeuw beheersten de Britten de geschiedenis van het subcontinent en ook van Bengalen. Naast handelsbases stichtten zij al spoedig politiek-militaire steunpunten, waaronder Fort William in Calcutta. Ze verdreven de Fransen en de Hollanders. Toen Mogul-gouverneur Siraj-ud-Daulad zich tegen de Britse aanwezigheid begon te verzetten en opdracht gaf Fort William af te breken, kocht de Britse legeraanvoerder Robert Clive de opperbevelhebber van Siraj om, Mir Jafar. Zij spraken met hem af dat hij zich afzijdig zou houden bij een militair treffen tussen de Britten en Siraj-ud-Daulad. Toen dat op 23 juni 1757 ook zo gebeurde, werd Siraj verslagen. Vanuit het gebied dat zij beheersten, veroverden de Britten stapje voor stapje de rest van Bengalen. Mir Jafar werd nog de nieuwe gou-verneur maar in 1764 kwam er een definitief einde aan de Mogul-overheer-sing van Bengalen. In Bangladesh is Mir Jafar nog steeds een scheldwoord voor politici die het land in de uitverkoop willen doen.

Grondpolitiek Geen enkel deel van Brits-Indië heeft zo geleden onder de koloniale over-heersing als de moslims in Bengalen en het aangrenzende Bihar. Volgens de 19de-eeuwse Britse historicus W.W. Hunter was het rond 1700 nog onmogelijk voor een moslim uit een welgestelde familie om arm te worden; na 1850 zorgden de Britten ervoor dat dit veelvuldig voorkwam. Jawaharlal Nehru, India's eerste president, sprak in zijn memoires van 'pure plunder'. Het Engelse werkwoord *to loot* (plunderen) is rechtstreeks in de Bengaleese taal overgenomen. Van het paradijs van de Mogul-vorsten was al spoedig niet veel meer over. Toen er in 1770 onvoldoende regen viel, brak er een hongersnood uit die het leven kostte aan eenderde van de bevolking van Bengalen en Bihar. Jacob Haafner, zoon van een scheepschirurgijn van de V.O.C., deed Bengalen in die tijd aan en noemde de Britten 'monsters' vanwege hun 'uitgezochtste onderdrukking en afpersingen' en 'duizend verfoeielijke middelen'.

De East India Company maakte grote winsten met de uitvoer van katoen- en zijdeproducten naar de Britse markt. Maar door de Industriële Revolutie kwamen de zaken daar anders te liggen: kapitalisten wilden de textielproducten zelf gaan maken en de Britse markt moest daarom worden afgesloten voor textielproducten uit Zuid-Azië. Bovendien bleek de machinale verwerking van katoen en zijde al snel goedkoper dan de handmatige verwerking in Bengalen. Het eens zo bloeiende textielambacht in Brits-Indië stortte spoedig in. Duizenden wevers en handwerkslieden raakten werkloos. Ook scheepswerven, metaalwerkplaatsen, glas- en papierfabrieken konden hun poorten sluiten. Het 450 duizend inwoners tellende, welvarende Dhaka raakte in verval. In 1800 woonden er nog maar twintigduizend mensen. De rest was weggetrokken naar het platteland.

Ook in de dorpen veranderde veel. De Britse bestuurders namen van hun voorgangers het systeem van grondbelasting over. De islamitische Mogul-gouverneurs hadden rijke hindoes belast met de inning ervan. Deze zogenaamde *zamindars* opereerden meestal op eigen houtje en zetten desnoods knokploegen in. De Britten pasten het Mogul-systeem aan door de zamindars tot erfelijke eigenaren van de grond te benoemen. Dat werd in 1793 bezegeld in de Permanent Settlement Act. Die wet beroofde de boeren in een klap van hun eeuwenoude grondrechten. Als nieuwe eigenaars eisten de zamindars delen van de oogst op. Zij functioneerden als rechter en geldschieter. Met hun woekerrentes stortten zij heel wat boerenfamilies in diepe ellende. Sommige vroegen om een extra bijdrage bij het huwelijk van een

Mousseline

In het Nationaal Museum in Dhaka ligt een mousselinen tulband. Het tien meter lange en een meter brede doek is zo ragfijn dat het door een ringetje kan worden gehaald en in een lucifersdoosje past. Het is zo ijl – zoals de historicus Pitlo het ooit omschreef – dat men het 'vlietend water' noemt omdat het op water onzichtbaar is; 'ochtenddauw' omdat het, gelegen op grashalmen, daaraan blijft vastzitten; of 'geweven lucht' omdat het, in de lucht geworpen, blijft zweven. Mousselinen weefsels werden geëxporteerd naar de Filipijnen, Japan, Ethiopië en Europa.

van hun kinderen. Voor de Britten leidde het zamindar-systeem tot meer stabiliteit. Voor de Bengalese pachters was het een ramp. Er is altijd veel verzet geweest tegen de banden tussen Britten en zamindars. Maar pas in 1950, dus drie jaar na het vertrek van de koloniale heersers, werd het systeem definitief afgeschaft.

Indigo-opstand Net zoals de Nederlanders met het cultuurstelsel in Indonesië boeren dwongen om bepaalde producten te verbouwen, gaven de Britten de Bengalese pachters opdracht op grote schaal indigoplanten te verbouwen. Indigo is een diepdonkerblauwe, natuurlijke kleurstof. In fabriekjes werden de bladeren van de plant in bakken met water gestampt. De zeepachtige massa die ontstond, werd tot koeken geperst. De kleurstof vormde een goudmijn voor de Britse imperialisten, want de vraag ernaar was groot. Tussen 1800 en 1830 vertienvoudigde het aantal indigofabriekjes in de omgeving van Dhaka. Wie weigerde de plant te verbouwen, werd gearresteerd of mocht toezien hoe vrouw of dochter werd verkracht.

Omdat het grondoppervlak voor rijst en andere voedselgewassen door de indigoteelt afnam, stegen de prijzen daarvan en nam de armoede toe. Op een gegeven moment was de grens voor de pachters bereikt. Als eerste in het district Jessore weigerden zij nog langer zo veel indigo te verbouwen. Met stokken, pijlen en bogen bewapend vielen zij de indigofabriekjes aan en gingen de politie te lijf. Spoedig sloeg de vlam over naar de naburige districten Kushtia, Khulna, Faridpur en Pabna en naar enkele districten in West-Bengalen. Tienduizenden boeren deden mee. Toch groeide de spontaan begonnen opstand niet uit tot een massaal regionaal protest tegen de Britten. In de geschiedenis van Bangladesh is het zelden gebeurd dat een massaal georganiseerde boerenbeweging op gang kwam. In 1860 maakte de Britse regering een einde aan de verplichte indigoverbouw. Dat had minder te maken met het verzet dan met de opkomst van synthetische kleurstoffen, die in Groot-Brittannië zelf werden gefabriceerd.

■ Antikoloniale beweging

Langzaam ontwikkelde het anti-Brits sentiment in Zuid-Azië zich in een nationaal bewustzijn. In 1885 leidde dat tot de oprichting van het Indian National Congres, de voorloper van de nog steeds bestaande Indian Congres Party. De oprichtingsbijeenkomst werd bijgewoond door zeventig afgevaardigden, voor het merendeel hindoes. De Bengalese moslims herkenden zich er niet in.

Volgens de eerste volkstelling van Brits-Indië, in 1872, bleek rond de 60 procent van de Oost-Bengalen moslim te zijn. De islam vertegenwoordigde voor hen gelijkheid en menselijkheid. Zij voelden zich niet alleen onderdrukt door de Britten, maar ook door veel rijke hindoes. Oost-Bengalen werd steeds meer het achterland van het door hindoes gedomineerde Calcut-

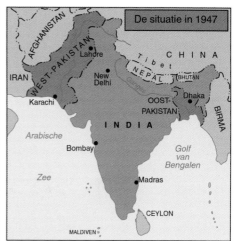

ta in West-Bengalen. De provincie was leverancier van indigo, jute, thee, suikerriet en andere grondstoffen. Rond 1900 verbouwden Oostbengalese boeren de helft van alle jute ter wereld, maar de fabrieken waar deze grondstof tot halffabrikaat werd verwerkt, stonden in Calcutta of Groot-Brittannië. Calcutta beschikte ook over een goed ontwikkelde haven.

Vooraanstaande moslims uit heel Brits-Indië richtten in 1906 een eigen organisatie op, de All India Muslim League. Terwijl deze organisatie net als het Indian National Congres voor onafhankelijkheid was, koos de hindoepartij voor een ondeelbaar India en was de moslimorganisatie voorstander van opdeling van Brits-Indië in een hindoestaans en een islamitisch deel. In de *Pakistan Resolution* van 1940 bepaalde de League dat elke provincie in het noordwesten en noordoosten van Brits-Indië, waar moslims in de meerderheid waren, deel zou uitmaken van de nieuwe staat.

De opdeling in 1947 (formeel op 15 augustus) van Brits-Indië in de twee onafhankelijke staten Pakistan en India werd een traumatische gebeurtenis. Acht miljoen moslims verlieten het net onafhankelijke India, een vergelijkbaar aantal hindoes trok weg uit Pakistan. Bij afschuwelijke godsdienstrellen, vooral in de Punjab, vielen honderdduizenden doden. In Bengalen met zijn gemeenschappelijke taal en culturele erfenis verliep de scheiding vreedzamer. De provincie werd opgedeeld in een oostelijk moslimdeel en een westelijk hindoedeel. Oost-Bengalen raakte veel goedopgeleide hindoes kwijt en moest vanwege een gebrek aan kader veel bestuursfuncties laten vervullen door West-Pakistani. Het moslimdistrict Sylhet in de noordelijke provincie Assam sloot zich aan bij Oost-Pakistan. Een deel van de een miljoen moslims in de Indiase deelstaat Bihar, trok daar ook heen. Dorpen in Oost-Bengalen met alleen maar hindoes zochten dorpen van vergelijkbare omvang met alleen maar moslims uit in West-Bengalen, en ruilden dan.

Onafhankelijkheidsstrijd De bevolking van Oost-Pakistan vormde een kleine meerderheid in het nieuwe Pakistan. De jute uit het oostelijk deel zorgde tot 1965 voor bijna tweederde van Pakistan's deviezen. Maar Oost-Pakistani waren slecht vertegenwoordigd in bestuurlijke en militaire functies. Negen van de tien topambtenaren waren West-Pakistani. Het leger telde nauwelijks Oost-Pakistaanse officieren. Het land werd geleid door grootgrondbezitters, grootindustriëlen, generaals en hoge ambtenaren uit het westelijke deel. Oost-Pakistan bleef grondstoffenleverancier en afnemer van eenvoudige industriële producten. Van de buitenlandse hulp voor het nieuwe land ging slechts een vijfde naar Oost-Pakistan. De gemeenschappelijke godsdienst bleek in de praktijk een te zwakke noemer om het door meer dan 1.500 kilometer gescheiden land bij elkaar te houden.

Taalbeweging De regering in de nieuwe hoofdstad Islamabad (in het noorden van West-Pakistan) maakte het Urdu tot officiële taal. Urdu was de islamitische *lingua franca* in het Mogul-rijk, ontstaan in de tijd van Aurangzeb. Het Urdu is een dialect van het Hindi, met sterke Perzisch-Arabische invloeden. De Oost-Pakistani moesten er niets van hebben. Hun moedertaal, het Bengaals, was al veel langer in gebruik en had zelfs in 1913 een Nobelprijswinnaar opgeleverd, Rabindranath Tagore. In Dhaka en andere Oost-Pakistaanse steden braken studentenrellen uit, die bekend werden als de *Taalbeweging.*

In 1956 kregen de studenten hun zin en werd ook het Bengaals nationale taal. De Taalbeweging werd de basis voor een nieuw nationalisme, dat niet meer godsdienstig maar geografisch was bepaald. Het was seculier en vooral iets van de opkomende middenklasse in Dhaka en andere steden zoals Chittagong, Khulna en Rasjshahi. Haar politieke aspiraties drukte zij uit in de oprichting van de Awami Liga in 1949. Sheikh Mujibur Rahman werd in 1953 secretaris-generaal van de partij, die regionale autonomie als belangrijkste strijdpunt had.

De West-Pakistaanse heersers voelden er niets voor hun macht te delen. Noch de militaire machthebbers Ayub Khan (1958-1969) en Yahya Khan (1969-1971), noch de burgerregering van Zulfikar Ali Bhutto (1971-1977) waren toonbeelden van democratie. Intussen leefde Pakistan voortdurend op voet van oorlog met India. Aanleiding was Kashmir dat bij de scheiding van 1947 aan India was toegekend, ook al bestond de meerderheid van de bevolking uit moslims. De gevechten met India over Kashmir hadden Pakistan verzwakt en de aandacht van het centrale bewind in Islamabad voor het oostelijk deel verzwakt. Toen de AL bij de verkiezingen van december 1970 meer dan de helft van de 313 zetels won en de grootste partij van Pakistan werd, had zij het recht de regering te vormen. Generaal Yahya Khan besloot echter te wachten. Daarop barstte de bom. Het uitblijven van effectieve hulp van de kant van de Pakistaanse regering bij een cycloon enkele maanden daarvoor (die maar liefst een half miljoen slachtoffers maakte), had de situatie al explosief gemaakt.

Vrijheidsstrijders Het vastlopen van de onderhandelingen over een nieuwe regering op 25 maart 1971 werd het startsein voor *Operatie Bengalen*. Pakistaanse tanks en troepen richtten op Dhaka University een bloedbad aan. Pakistaanse militairen overvielen het politiestation in de hoofdstad en doodden duizend politiemannen. Vervolgens staken ze woningen, winkels en het gebouw van de pro-Bengalese krant *Ittefaq* in de brand. Ze arresteerden Mujibur Rahman. Op 17 april 1971 werd de onafhankelijkheid van Bangladesh uitgeroepen en Mujib tot eerste president benoemd. Maar voorlopig gingen de gevechten nog gewoon door. In deze bloedige periode kwamen een miljoen mensen om. Vijf miljoen mensen vluchtten naar India, dat zijn grenzen wijd openzette, ook om Pakistan te sarren. Pakistaanse soldaten verkrachtten Bengalese vrouwen op zo'n schaal dat het leek of zij de etnische samenstelling van de bevolking wilden veranderen. Bij hun moordpartijen waren vooral intellectuelen en studenten het doelwit.

De regering in Islamabad kon in Oost-Pakistan alleen nog op de steun van de vooral uit Bihar afkomstige moslims rekenen. De rest van de bevolking was *en masse* voor zelfbeschikking. Toch steunde lang niet iedereen Mujibur Rahman en diens AL. Progressieve vrijheidsstrijders en veel anderen vochten ook voor een herverdeling van de grond ten gunste van de arme boeren. Daarin verschilden zij van de behoudzuchtige AL. Van progressieve ideeën moest ook de Indiase premier en leider van de Indian Congress Party, Indira Gandhi, niets hebben. Haar regering had al genoeg te stellen met opstandige boeren en gewapende strijd in West-Bengalen.

Toen de progressieve vrijheidsstrijders aan populariteit bleven winnen en de AL zijn greep verloor op de anti-Pakistaanse beweging, brak voor India

Bihari's
Tussen 1945 en 1952 trokken 1,3 miljoen Urdu-sprekende moslims uit de Indiase deelstaten Bihar, Uttar Pradesh en Madhya Pradesh als vluchteling naar Oost-Pakistan. Omdat de meeste uit Bihar kwamen werden ze collectief Bihari's genoemd. Tijdens de onafhankelijkheidsstrijd waren er nog zo'n driekwart miljoen. De meesten steunden openlijk het Pakistaanse leger tegen de Bengalese vrijheidsstrijders. Na de onafhankelijkheid moesten ze dat bekopen met arrestatie en plundering van hun woonhuizen en winkels. Het Indiase leger bracht hen voor hun eigen veiligheid onder in tientallen over het land verspreide kampen.
President Mujib kondigde een algemene amnestie af. Het Internationale Rode Kruis bezocht de kampen. Ruim een half miljoen Bihari's zei naar Pakistan te willen gaan. Eind jaren zeventig waren er 120 duizend overgebracht, terwijl ruim veertigduizend op eigen houtje de weg naar Pakistan hadden gevonden. Daarna is de overbrenging van de rest gespreksonderwerp van menige ontmoeting tussen de leiders van beide landen geweest maar tot veel concreets heeft dat niet geleid. Talloze Bihari's zitten nog altijd in kampen.

Genara-kamp, opgezet voor Bihari's die bij de onafhankelijkheid van Bangladesh aangaven liever in Pakistan te willen leven. Sinds die tijd zitten ze vast in dit kamp.

het moment aan om te interveniëren. De Pakistaanse luchtmacht probeerde op 3 december 1971 India nog af te troeven met aanvallen op militaire vliegvelden en installaties in India maar hun goed getrainde tegenstanders trokken aan het langste eind. Indiase troepen trokken Oost-Pakistan binnen. De regering in New Delhi erkende de onafhankelijkheid van Bangladesh onder leiding van de Awami Liga. Binnen twee weken gaf het Pakistaanse leger de strijd gewonnen. De progressieve vrijheidsstrijders die veel arme boeren hoop hadden gegeven, leden een nederlaag. Zij hadden dat ook aan zichzelf te wijten, omdat zij er – net als indertijd bij de Indigo-opstand – niet in geslaagd waren hun krachten in een landelijk georganiseerde beweging te bundelen. Voor de hindoes werd de onafhankelijkheid aanleiding tot een tweede exodus.

■ Na de onafhankelijkheid

Bangladesh had na zijn onafhankelijkheid twee decennia nodig om de puinhopen van de bevrijdingsstrijd achter zich te laten. Gedurende twee periodes hadden militairen het voor het zeggen: majoor Zia-ur Rahman van 1975 tot 1981 en generaal Ershad van 1982 tot 1990. Maar ook tijdens de regering van Mujib was het land in de verste verte geen democratie en hadden politie, milities en leger veel macht.

Mujibur Rahman Tijdens de bevrijdingsoorlog was veel infrastructuur verwoest, terwijl veel intellectuelen waren uitgemoord. Toen vader des vaderlands Mujib bij zijn terugkeer uit Pakistaanse gevangenschap in januari 1972 het land in een euforie aantrof, stond hij voor een bijna onmogelijke taak. Aanvankelijk wist hij de steun van de armere meerderheid nog te behouden. In 1973 behaalde zijn AL nog een grote verkiezingsoverwinning. Maar lang duurde de blijdschap niet. De weinige ontwikkelingsprogramma's die op touw werden gezet kwamen vooral de rijken ten goede. Er was veel corruptie, ook onder Mujib's familieleden. Smokkel en zwarte-marktpraktijken werden steeds meer een bron van bestaan. De regering nationaliseerde veel bedrijven. Aan het hoofd kwamen AL-leden te staan. De partij beschikte over knokploegen en tot 1974 werden zesduizend politiek actieve personen vermoord.

De regering bleek volstrekt niet in staat om de grote hongersnood van 1974 op te vangen. De distributie van voedselhulp deugde niet. Mujib's eigen mensen pikten er veel van in. In sommige dorpen zagen de verpauperde boeren met lede ogen hoe voor hen bestemde voedselhulp door rijke boerenleden van de AL in beslag werd genomen en op de zwarte markt verhandeld. In veel dorpen stierven daardoor onnodig veel mensen. Eind 1974 riep

Sheikh Mujibur Rahman en de nieuwe president Abu Sayeen Chowdury tijdens het uitroepen van de onafhankelijkheid. Minister van Justitie Muhammad Sayem leest de verklaring voor.

Mujib de noodtoestand uit. Een maand later stelde hij de grondwet buiten werking en werden alle politieke partijen op de AL na verboden. De onvrede nam snel toe, en in augustus 1975 vermoordden jonge legerofficieren de vader des vaderlands, diens vrouw en enkele van hun kinderen. Onbekenden leurden met de foto's van de lijken bij de buitenlandse media in Dhaka. Het demasqué was compleet.

Zia-ur Rahman Het was de eerste uit een serie van drie staatsgrepen dat jaar. Bij de derde nam Zia-ur Rahman de macht over. Hij herstelde het meerpartijensysteem en zette de Bangladesh National Party (BNP) op. Omdat hij er niet in slaagde een brede politieke basis te creëren deed hij vaak een beroep op conservatieve islamitische politici. In 1978 werd de islam staatsgodsdienst. Zia won de verkiezingen van 1979 met overweldigende meerderheid. Hij versterkte de contacten met westerse landen en met de Arabische wereld.

Zia trok veel macht naar zich toe en bekleedde zelf de posten van staatshoofd, hoofd van het leger, regeringsleider en BNP-voorzitter. Net als zijn illustere voorganger benoemde hij vooral eigen aanhangers op hoge posten. Tijdens zijn bewind werd een aantal destijds door de AL genationaliseerde bedrijven weer geprivatiseerd. In de dorpen werden ontwikkelingsprojecten opgezet. Elk dorp kreeg een eigen bestuur.

In 1981 werd Zia door een legerofficier uit de kringen van de vrijheidsstrijders vermoord. Toen er niet echt iemand was om hem op te volgen, werd Justice Abdus Sattar waarnemend president. Deze politicus bleef vier maanden aan. Daarna schoof generaal Hossain Ershad hem terzijde, en kreeg Bangladesh opnieuw een militair bewind. Ershad behoorde tot een groepering binnen het leger die niet aan de onafhankelijkheidsstrijd had deelgenomen. Eind 1983 benoemde hij zichzelf tot president.

Generaal Ershad Ershad was de zevende regeringsleider in Bangladesh sinds 1971. Hij kondigde meteen de staat van beleg af. Net als Zia richtte hij een eigen partij op, de Jatiya Party (JP), de nationale partij. Dat de JP in de daarop volgende jaren steeds als grootste uit de verkiezingen kwam, was vooral te danken aan verkiezingsfraude en de verdeeldheid van de oppositie. BNP, waarvan Zia's weduwe Khaleda Zia inmiddels de leiding over had genomen, en AL, geleid door Mujib's dochter Sheikh Hasina, sloten in 1987 de gelederen om de strijd tegen Ershad's alleenheerschappij aan te gaan.

Zoals wel vaker in de politiek in Bangladesh, waren het studenten die de doorbraak forceerden. Eind 1990 verenigden de studentenafdelingen van de twee grote partijen zich in de anti-Ershad All-Party Students Alliance. Ershad deed daarop enkele concessies maar het was te laat. Op 5 december trad hij af. Tot in veel dorpen was het feest. Ershad en zijn naaste medewerkers verdwenen in de gevangenis. Een van de eisen van de studenten was geweest: eerlijke parlementaire verkiezingen. Die werden gehouden op 27 februari 1991. De AL dacht die met gemak te zullen winnen, maar de BNP behaalde de meeste zetels in het parlement en Begum Khaleda Zia trad aan als premier. Een paar maanden later stond zij voor de eerste grote beproeving: een cycloon die 139 duizend doden eiste.

Fundamentalisme Moslimfundamentalisten, die de samenleving hun religieuze en politieke wil proberen op te leggen, hebben in Bangladesh minder wortel geschoten dan in landen als Iran, Irak of Sudan. Toch zijn ze er wel, moslimradicalen. Begin jaren negentig vonden in India hevige botsingen plaats tussen radicale moslims en fanatieke hindoes. Zij culmineerden in december 1992 in de vernieling van een moskee, de Babri Masjid, in Ayodhya in India. Fanatieke hindoes wilden daar een tempel bouwen. De rellen sloegen over naar Bangladesh en er vielen veel doden. De botsingen resulteerden in de derde exodus van hindoes uit Bangladesh naar India. In 2001 kon BNP alleen maar een regering vormen dankzij de steun van twee fundamentalistische partijen.

Vrouwen in Bangladesh hebben veel last van moslimradicalen. Plaatselijke geestelijken hebben tientallen *fatwa's*, islamitische bevelen, uitgevaardigd tegen vrouwen die opkwamen voor hun rechten. De vrouwenorganisatie Ain-o-Salish Kendra registreerde 136 fatwa's in 1997. Het aantal niet-geregistreerde gevallen is vermoedelijk veel groter. In januari 2001 verbood het Hooggerechtshof elke fatwa. Het deed de uitspraak naar aanleiding van een klacht van een dorpsvrouw die door haar man was verstoten en vervolgens meteen tot een nieuw huwelijk werd gedwongen. Zij weigerde dat en werd in het gelijk gesteld.

■ **Relaties met de buitenwereld**

India Bangladesh volgt een actieve buitenlandse politiek. Het is lid van talrijke internationale organisaties, waaronder het Gemenebest. Omdat het voor het grootste deel aan India grenst – de twee landen hebben 174 officiële grensovergangen – speelt geen enkel land zo'n rol in de buitenlandse betrekkingen als deze regionale supermacht. In de atlas lijkt India een reusachtige

Schaamte
Taslima Nasrin (1962) noemt zichzelf hindoe noch moslim. Zij studeerde medicijnen aan het Mymensingh Medical College en werkte een paar jaar als arts in overheidsdienst. Het tegen hindoes gebruikte geweld maakte haar zo boos, dat zij in 1992 in zeven dagen *Schaamte* schreef, een roman over een hindoefamilie die voortdurend geterroriseerd wordt door moslimfundamentalisten. Het boek verscheen in februari 1993 en spoedig waren er 60 duizend exemplaren verkocht, voor Bangladesh een zeer hoog aantal. Onder druk van de moslimfundamentalisten werd het verboden. Kort daarna vaardigde een radicale moslimorganisatie een *fatwa* tegen haar uit en kwam er een prijs op haar hoofd te staan. Demonstranten eisten in de straten van Dhaka haar dood. Ze dook onder.

arm om Bangladesh heen te slaan en het land makkelijk in de houdgreep te kunnen nemen. Zo is het ook een beetje. In 1971 was India's militaire interventie beslissend bij het verslaan van het Pakistaanse leger. Door een grote dam bij het West-Bengalese Farakka in de rivier de Ganges kan India beslissen hoeveel water er naar de boeren in Bangladesh stroomt. Om te voorkomen dat boeren in Bangladesh bij een lage waterstand in de problemen komen, sloten beide landen in december 1996 een overeenkomst maar die heeft nog niet tot de gewenste rust geleid. De twee landen zijn ook al jaren bezig een vrijhandelszone te vormen, maar wederzijdse pesterijen voorkwamen dit vooralsnog. De betrekkingen staan regelmatig onder druk door meningsverschillen over zaken als illegale migratie naar de Indiase deelstaat Assam, de trek van bewoners van de Chittagong Hill Tracts naar de deelstaten Tripura en Mizoram en onduidelijkheid over de vraag wie zeggenschap heeft over delen van de Golf van Bengalen. De westgrens tussen beide landen is niet volledig vastgesteld. De discussie over 162 enclaves loopt nog steeds door.

Regio Hoewel Myanmar (Birma) en Bangladesh geen macht over elkaar hebben, kunnen beide landen elkaar wel het leven zuur maken. Daarbij vormt de Rohingya-moslimminderheid in Myanmar een troefkaart. In 1991 en 1992 vluchtten 250 duizend Rohingya's naar Bangladesh. De VN-Vluchtelingenorganisatie ving hen op in twintig kampen in het gebied tussen de steden Chittagong en Cox's Bazar. Op twintigduizend na zijn zij in de loop der jaren teruggebracht. In 1997 ontvluchtten opnieuw duizenden Rohinya's de onderdrukking van de islam in Myanmar. De regering van Bangladesh zit echter niet op hen te wachten en wil dat ze teruggaan. Volgens de regering maken zij zich schuldig aan smokkel en onderhouden veel Rohingya's banden met moslimfundamentalisten. In 2001 werden er honderden gearresteerd. De Rohingya-leiders ontkenden de beschuldigingen ten stelligste.

De verhoudingen met Pakistan zijn genormaliseerd. De twee landen voeren handel met elkaar en enkele Pakistaanse bedrijven zijn actief in Export Processing Zones. Er gaat veel Bengalese thee naar Pakistan.

Al decennialang zoeken Bangladesh en andere landen in Zuid-Azië naar zinvolle economische en politieke samenwerkingsverbanden. Bangladesh heeft bijvoorbeeld sinds 1997 zo'n verband met Bhutan, Nepal en de zeven noordoostelijke deelstaten van India. Begin 2004 spraken Bangladesh, India, Pakistan, Sri Lanka, Nepal, Bhutan en de Malediven af vanaf 2006 een vrijhandelszone te vormen. Een vrijer verkeer van goederen en diensten en de harmonisering van tarieven moet niet alleen welvaart brengen maar ook de kans op oorlog in Zuid-Azië verminderen.

Arabische wereld Bangladesh is lid van de Islamitische Conferentie en ontvangt veel hulp uit Saudië-Arabië en andere islamitische landen. Het geld, ook bedoeld als

tegenwicht voor de grote sommen westerse hulp, wordt gebruikt voor ont-
wikkelingsdoeleinden en voor de versterking van de islam. Er zijn mooie
moskeeën mee gebouwd. Honderdduizenden mensen uit Bangladesh werken in de Arabische wereld. Driekwart van de twee miljard dollars die
migranten jaarlijks naar huis sturen, komt uit het Midden-Oosten.

Strijd tegen terrorisme Na de aanslagen van september 2001 op de Twin Towers, waarbij
ook vijftig Bengalezen het leven lieten, sloot Bangladesh zich aan bij de
strijd tegen het terrorisme. Vanwege de aanwezigheid van moslimradicale
groepen en de deelname van enkele daarvan aan de coalitieregering ont-
houdt deze zich van een al te pro-westerse opstelling. Voor activiteiten van
buitenlandse moslimradicalen bestaat geen bewijs. Er werden geen aanslagen gepleegd op westerse doelen in het land. Toch kunnen armoede en politieke instabiliteit een voedingsbodem vormen voor moslimfundamentalis-
me.

2   SAMENLEVING

140 miljoen mensen op een klein stukje aarde

Overal zijn mensen. Vanachter elke boom, vanachter elke muur, door elk raam kijken kinderogen je aan. In stad noch dorp ben je ooit alleen. De overbevolking ervaar je het meest in Dhaka en andere grote steden. Rond 1990 woonde 15 procent van de bevolking in steden. Nu is dat bijna een kwart. De vroeger landelijk aandoende hoofdstad is veranderd in een stinkende metropool. Er rijdt zelden een stadsbus waar de mensen niet als sardientjes op elkaar zitten. Treinen lijken soms evenveel passagiers op het dak en hangend in de deuren te tellen als binnen in de coupés. De bevolking groeit de afgelopen decennia snel. In 1951 had Oost-Pakistan 42 miljoen ingezetenen. Nu zijn het er al meer dan 146 miljoen.

Het bijzondere van de bevolking van Bangladesh is dat zij voor het overgrote deel (98 procent) uit Bengalezen bestaat. Die vormen etnisch en qua taal een eenheid. Er zijn ook minderheden, zoals de Rohingya's, de uit India afkomstige islamitische Bihari's en bevolkingsgroepen in de Chittagong

Minderheden in de Chittagong Hill Tracts

In de Chittagong Hill Tracts (CHT) wonen de Jummas, dertien etnische groepen, waarvan de Chakma's en de Santals de belangrijkste zijn. Het heeft nooit geboterd tussen de Bengalezen en de bewoners van de CHT. Jummas zijn geen moslim. Ze belijden een mengsel van boeddhisme, hindoeïsme en traditionele godsdiensten. Dat de CHT in 1947 aan Bangladesh werden toegewezen kwam doordat Chittagong, dat de rol van havenstad ging vervullen voor Bangladesh, een achterland nodig had.

Door de bouw van de hydro-elektrische Kaptai-dam in 1962 kwam een groot deel van het gebied onder water te staan en moesten honderdduizend Jummas een heenkomen zoeken. Ruim de helft vluchtte naar India en Myanmar. Toen de leiders van de CHT in 1971 om regionale autonomie vroegen, gooide Mujib hun petitie demonstratief op de grond. Zijn opvolger Zia stuurde troepen om de guerrilla's van de *shanti bahini* (letterlijk: vredesbrigades) te verslaan. Hij liet landloze Bengalezen naar het gebied gaan om de oorspronkelijke bewoners in de minderheid te brengen.

Eind 1997 sloten de regering in Dhaka en de CHT-bewoners een vredesakkoord. Meteen begonnen vluchtelingen terug te keren, terwijl de verzetsstrijders wapens inleverden bij de regering. Het akkoord leverde de inheemse bevolking echter weinig op en de verdeelde de verschillende etnische groepen. Een minderheid wil nog steeds volledige autonomie. Bij onderlinge schermutselingen vielen volgens de politie tussen 1997 en 2002 231 doden en 400 gewonden. Er vinden ook steeds gevechten plaats tussen politie en Bengalese boeren enerzijds en Jummas anderzijds.

Hill Tracts. Bijna 90 procent van alle mensen is moslim. Moskeeën zijn er overal. Het aandeel moslims in de bevolking neemt nog steeds toe. In 1947 was dat 57 procent. De meeste van hen zijn soennieten. Er zijn enkele kleine groepen sjiieten. Die stammen af van immigranten uit Iran. Zo'n 10 procent is hindoe. In 1947 was dat nog 30 procent. Boeddhisten en christenen vormen zeer kleine minderheden.

■ Zo maar een dorp

Op de meeste plaatsen langs de weg naar Gangi in het westen staan de huizen en gebouwen dicht tegen elkaar. Soms rijdt de bus rakelings langs hun buitenmuur. Gangi is in enkele jaren gegroeid van een eenvoudige marktplaats tot een streekcentrum met een grote dagelijkse markt, middelbaar onderwijs en andere publieksvoorzieningen. De weg die afbuigt naar het dorp Jhagrapur was vroeger in de regentijd onbegaanbaar maar is nu geasfalteerd. Theehuizen, woningen, winkels waar houten bedden worden gemaakt en optrekjes van fietsenmakers langs die weg benemen het zicht op de omliggende rijst- en jutevelden. Alleen het geluid van twee keer op de zijkant van de bus slaan en *djaan, djaan* roepen als de chauffeur weer kan gaan rijden, of *aste, aste* en eenmaal slaan als hij moet stoppen, is hetzelfde als vroeger.

Jhagrapur is een typisch Bengalees dorp. Het ligt een beetje besloten tussen het groen. Vrijwel iedereen is moslim. Van de paar hindoes, die het dorp vroeger telde, heeft de helft zich tot christen laten dopen. Ze gaan regelmatig naar een kerk. Bij een geloofsgemeenschap horen biedt meer bescherming dan het bidden bij hun voormalige hindoehuisaltaar. Ze wonen aan de noordrand van het dorp, ver buiten de kern. In Jhagrapur zijn nogal wat visvijvers, allemaal met de hand gegraven. Het water wordt soms ook voor irrigatie gebruikt. Iedereen is boer. De helft bezit voldoende eigen grond om een familie te onderhouden. Hun woningen variëren van bakstenen huizen tot lemen hutten met daken van riet. Een kleine groep is puisant rijk. Dat zie je aan hun huizen, en aan de grote betonnen plaatsen waar ze rijst en de jute in de zon laten drogen en suikerriet persen. De vrouwen uit het gezin, geholpen door landarbeiders, voeren het werk uit. De eigenaren kijken of alles goed gaat. Daartegenover staat een flinke groep dorpsbewoners die helemaal geen land heeft en de kost als verdient als arbeider.

Daud uit Jhagrapur is winkelier en landarbeider. Vanuit een houten huisje aan de rand van de weg verkoopt hij rijst, linzen, kruiden, heel veel soorten snoep, schriften en dergelijke, alles in het klein. Gisteren moest hij met zijn dochter naar de dokter. 'Tegenwoordig kan ik dat betalen. De lonen zijn hoger geworden. De grote boeren verbouwen tegenwoordig zoveel rijst, dat ze handen te kort komen voor het wieden, snijden en verwerken.' Vroeger

De meerderheid van de Bengalezen zweert bij de islam, maar is ook religieus verdraagzaam

Bevolking

Omvang: verzesvouding in 100 jaar *(in miljoenen)*

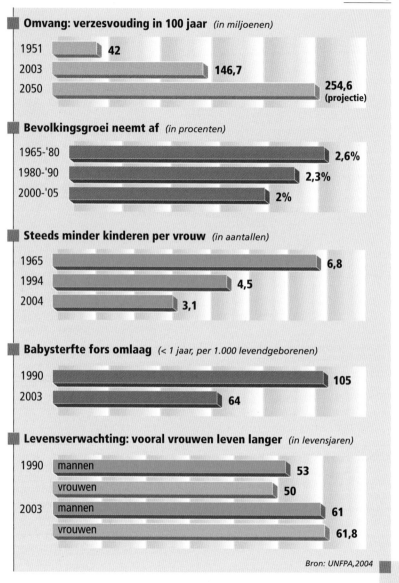

1951   **42**

2003   **146,7**

2050   **254,6** (projectie)

Bevolkingsgroei neemt af *(in procenten)*

1965-'80   **2,6%**

1980-'90   **2,3%**

2000-'05   **2%**

Steeds minder kinderen per vrouw *(in aantallen)*

1965   **6,8**

1994   **4,5**

2004   **3,1**

Babysterfte fors omlaag *(< 1 jaar, per 1.000 levendgeborenen)*

1990   **105**

2003   **64**

Levensverwachting: vooral vrouwen leven langer *(in levensjaren)*

1990   mannen   **53**

      vrouwen   **50**

2003   mannen   **61**

      vrouwen   **61,8**

Bron: UNFPA,2004

was Daud straatarm en had hij vaak maar één echte maaltijd per twee dagen, armeluisrijst met een prut van het binnenste van de stam van een bananenboom. Nu eet hij doorgaans drie keer per dag. Rijst, meestal vis en soms vlees, linzen en wat groente. Daud heeft meestal werk. Als er op het land niets is te doen, helpt hij met stenen bakken. De vraag daarnaar is sterk gestegen. Wie het zich kan permitteren, laat een bakstenen huis bouwen.

■ Positie vrouwen verbetert langzaam

Vrouwen zijn de hardste werkers in Jhagrapur (en in heel Bangladesh). Shuli heeft drie zonen, waarvan de jongste net een jaar is. Ze woont in een huis op het erf van haar welgestelde schoonouders. Ze staat elke ochtend als eerste op, begint dan met het huishouden en doet daarna veel ander werk: de geoogste *paddy* tot rijst verwerken, linzen pellen, groente voor de markt sorteren. Tarwe malen doet ze al jaren niet meer, die brengt ze naar een molen. Tegen de muur van haar hut kweekt zij groentes. Een omheining van bamboe moet de geiten op afstand houden. Haar man is kort geleden overleden. 'Heel plotseling. Hij kreeg een herseninfarct en overleed in het ziekenhuis'. Zijn familie weigert haar geld voor eten te geven en probeert de grond, waar zij als weduwe recht op heeft, zelf te houden.

Dat Bangladesh in 1975 een apart ministerie voor Vrouwenzaken kreeg en dat de landelijke politiek al jaren twee vrouwelijke politieke hoofdrolspelers kent, betekent niet dat het met de positie van vrouwen wel goed zit. De dochter van de vader des vaderlands, de weduwe van een vermoorde president en andere goedopgeleide vrouwen van vaak bekende mannen worden gerespecteerd, maar de overgrote meerderheid van de vrouwen wordt ondergewaardeerd, uitgebuit en misbruikt. Dat begint al bij de geboorte. De komst van een dochter is een minder blije gebeurtenis dan de geboorte van een zoon. De meeste moeders hebben intensieve banden met hun zonen en geven hen veel ruimte. Meisjes krijgen minder tederheid en zijn meer gebonden. Vanaf de eerste menstruatie moeten zij *purdah* in acht nemen. Purdah betekent letterlijk gordijn of sluier. De mate van strengheid van de purdah verschilt per streek en dorp, en hangt vaak af van de druk van plaatselijke moslimradicalen.

Een dorpsvrouw blijft zoveel mogelijk op haar erf. Gaat ze op bezoek bij de buren, dan loopt ze niet via de hoofdweg maar over een achterafpaadje. Ze sluiert zich. In aanwezigheid van mannen zwijgt zij. Bij de komst van vreemdelingen trekt zij zich terug. Volgens het islamitisch erfrecht hebben vrouwen recht op de helft van wat een broer na hun vaders dood krijgt. Meestal gaat het om grond. Veel vrouwen doen afstand van dat recht. Daarmee verplichten zij hun broers om hen in geval van nood op te vangen. Een vrouw als Shuli heeft daar belang bij.

Vrouwen houden hun lijf beschikbaar voor hun man. 'Een man is als dorst en een vrouw als een rivier. Wanneer hij dorst heeft, moet hij naar de rivier

kunnen om die te lessen', luidt een gezegde. Buitenechtelijke verhoudingen worden geduld, zolang er niet hardop over wordt gepraat en de vrouw niet zwanger raakt. In Jhagrapur raakte een alleenstaande arme boerenvrouw zwanger. Zij moest voor de *salish*, de dorpsrechtbank, verschijnen en de heren rechters verbanden haar uit het dorp. Later bleek een van hen de vader van het kind te zijn. Hij had haar verleid, niet zij hem. Hij ging vrijuit.

Zo'n vijf miljoen vrouwen en meisjes, sommige niet ouder dan tien jaar, werken als hulp in de huishouding. De meesten maken zeer lange dagen en worden slecht betaald. Het gebeurt regelmatig dat de heer of zoon des huizes hen mishandeld of seksueel misbruikt. Onderzoekster Nasreen Haq legde vanuit haar kleine kantoor in Dhaka contact met 135 slachtoffers van dergelijk geweld, of hun nabestaanden. Met vijftien vrouwen hield zij diepte-interviews. De politie werkte haar onderzoek eerst tegen, maar werd later coöperatiever. De helft van de betrokken vrouwen bleek te zijn gestorven. Door moord, zelfmoord of overleden aan verwondingen. Als er sprake was van moord, dan was de familie van de schuldige soms spoorloos uit een wijk verdwenen. Ineens bleek hun huis te zijn verkocht. In een aantal gevallen nam Nasreen Haq contact op met de familie. Die wisten vaak niet waar de vrouw of het meisje was, laat staan dat zij was mishandeld of misbruikt.

In sommige opzichten is het leven van vrouwen in Bangladesh verbeterd. Dankzij een actieve bevolkingspolitiek krijgen vrouwen gemiddeld nog maar ruim drie kinderen in hun leven (zie grafiek). Vrouwen in Jhagrapur en op veel meer plaatsen vinden het normaal om anticonceptiemiddelen te gebruiken of zich 'op slot te laten maken', zoals zij steriliseren noemen. Van de vrouwen kan inmiddels bijna eenderde lezen en schrijven. Vijftien jaar geleden was dat minder dan een kwart. Vroeger stierven er veel meer meisjes onder de vijf jaar dan jongens. Nu is dat minder en ligt het ongeveer gelijk.

Vrouwen in arme boerengezinnen worden vaak meer gerespecteerd dan andere vrouwen, omdat hun mannen meer oog hebben voor hun inbreng. Arme boerenvrouwen die etenswaren of zelfgemaakte manden en matten verkopen, geven het gezin wat extra inkomen. In het zuidwesten van Bangladesh, in de Sundarbans, zijn stukken zee ingepolderd. Het nieuw gewonnen land is onder arme boeren verdeeld. Vrouwen werken mee aan het onderhoud van dijken en afwateringskanaaltjes. Zij verliezen hun angst om openlijk met hun mannelijke collega's om te gaan.

Dorpsrechtbanken Hier en daar organiseren vrouwen zich. In verschillende dorpen van het land begint de *salish* klachten van vrouwen serieuzer te nemen. Een salish is een dorpsrechtbank, die eenvoudige zaken mag behandelen. Traditioneel

Dhaka, overvolle straat bij het Gulistan kruispunt, in het centrum van deze stad met meer dan tien miljoen inwoners.

JOS VAN BEURDEN

Behandeling van een echtelijke ruzie door de dorpsrechtbank

hebben rijke boeren het daar voor het zeggen. Dankzij de tussenkomst van Bengalese mensenrechtenorganisaties komt er hier en daar een salish waarin ook arme boeren en vrouwen vertegenwoordigers hebben.

Een echtpaar in het gemeenschapsgebouw van een dorp in het district Tangail, ten noordwesten van Dhaka, legde hun meningsverschil aan zo'n salish voor. De vrouw was verlegen en bijna niet te verstaan. Maar dat zij haar gezicht volledig bedekt hield, had niets te maken had met purdah maar met de verminkingen die haar man haar daar had bezorgd. Op een gegeven moment liet zij ze aan de salish zien. Zij wilde scheiden vanwege dat geweld, en omdat hij haar te weinig huishoudgeld gaf. Op zijn beurt verzekerde de man de rechters dat hij het huwelijk in stand wilde houden en dat hij haar echt alleen maar sloeg, als zij ongehoorzaam was. Een van de vrouwelijke rechters sprak hem daarop zeer scherp toe. Uiteindelijk lieten de rechters de man zwart op wit beloven dat hij geen geweld meer zou gebruiken en wezen zij een bemiddelaar aan die wekelijks zou gaan kijken hoe het ging. De man en de vrouw tekenden beiden met hun duim. Twee maanden later moesten zij terugkomen om te kijken of het beter ging.

■ Berichten uit de stad

De hoofdstad van Bangladesh ligt aan de rivier de Buriganga, een zijtak van de Padma. Aan de oevers treft men alle soorten schepen aan. Lange smalle roeiboten vechten om klanten die naar de overkant willen. Tweedehands veerboten laten steeds te veel passagiers toe voor vervoer naar oorden als Noakhali of Barisal. Er liggen vissersboten in alle soorten en maten. De meeste hebben inmiddels hun zeilen vervangen door dieselmotoren. Hier bevindt zich het oude stadsdeel met een wirwar van straatjes en ontelbare kruideniers-, kleding- en tabakszaken, winkeltjes met huishoudelijke producten, restaurantjes en theecafés met heerlijke Bengalese zoetigheden (*mishti*). Er zijn ook de nodige zilversmeden.

In het moderne Dhaka zetelen de regering, het parlement en alle buitenlandse ambassades. Er zijn enkele luxewijken voor de *happy few*, Bengalees en buitenlands. Zij verklaren de aanwezigheid van luxe auto's en *4-wheel-drives*, van winkels met dure artikelen en chique restaurants en hotels. Dhaka kreeg in 1921 een universiteit en is ook studentenstad. Studenten zijn vaak politiek actief, elke politieke partij kent wel een studentenafdeling. De afgelopen jaren waren er nogal wat gewelddadige botsingen, waarbij zelfs automatische wapens werden gebruikt en studenten werden gedood.

Toch is Dhaka vooral de stad van paupers en verkeersopstoppingen. De verkeersopstoppingen op de 2.200 kilometer weg in de hoofdstad zijn chronisch. Mensen zijn vaak drie of vier uur per dag kwijt aan woon-werkverkeer. Volgens schattingen van de Wereldbank komen jaarlijks vijftienduizend mensen om door uitlaatgassen; miljoenen inwoners lijden aan aandoeningen aan de luchtwegen. Het openbaar vervoer kan de vraag volstrekt niet aan. Een efficiënt vervoersplan voor de hoofdstad bestaat niet. Dat de tweehonderdduizend bontgekleurde *riksja's*, de fietstaxi's, van de meeste wegen zijn verdwenen en alleen nog op secundaire wegen mogen rijden, heeft ook niet geholpen.

■ Zes miljoen kinderen niet naar school

Bangladesh telt 80 duizend basisscholen, 12,5 duizend scholen voor middelbaar onderwijs, bijna drieduizend *colleges* en tientallen universiteiten en technische, landbouwkundige en medische hogescholen. Toch gaat het niet goed met het onderwijs. Van de twintig miljoen kinderen van basisschoolleeftijd werken er ruim zes miljoen de hele dag. Ze zijn koeienjongen, dienstmeisje, straatverkoper, hulpje in een werkplaats of actief in de seksindustrie. Die zien nooit een school van binnen, behalve een enkeling die 's avonds leert. Tweederde van de dorpskinderen die wel beginnen op de basisschool van de overheid, maakt die niet af. De kwaliteit van de scholen laat nogal te wensen over. De basisschool, zoals die in Jhagrapur, met nauwelijks boeken, schriften en schrijfgerei is eerder regel dan uitzondering. De leerkrachten kunnen de overvolle klassen niet aan. De regering lanceerde in 2001 wel een nieuw Nationaal Onderwijsbeleid, gericht op kwaliteitsverbetering. Ze trekt inmiddels ook wat meer geld uit voor onderwijs, maar in vergelijking met de omringende landen zijn de bestedingen nog altijd aan de lage kant.

Voor een deel vult het particulier initiatief de gaten op onderwijsgebied. Er zijn daarbij drie spelers. De kleinste zijn de Engelstalige privé-onderwijsinstellingen. Ze zijn in feite alleen toegankelijk voor de beter gesitueerden. De twee andere zijn heel grote spelers.

Islamitisch onderwijs Er zijn zo'n vierduizend *madrassas,* islamitische scholen. Een op de tien leerlingen gaat daar heen. Vaak zijn het dakloze of arme kinderen. Hoewel het accent in het islamitisch onderwijs ligt op het Arabisch en op religieuze teksten en gewoontes, krijgen zij ook moderne vakken als wis- en natuurkunde, Bengaals, Engels, aardrijkskunde en biologie. De scholen zijn voor hun financiën deels afhankelijk van regeringssubsidie en deels van donaties uit de Arabische wereld. Volgens sommige waarnemers hebben enkele ervan moslimradicale sympathieën.

Kinderen die ook niet naar de madrassa gaan, kunnen nog terecht op een koranschool, waarvan er zo'n 64 duizend zijn. Zij leren er echter alleen uit de koran te reciteren.

NGO's Tientallen lokale niet-gouvernementele ontwikkelingsorganisaties bieden informeel onderwijs. De grootste is BRAC (Bangladesh Rural Advancement Committee), die ooit begon als noodhulporganisatie. Al snel startte BRAC met ontwikkelingsprogramma's, waaronder onderwijs. In 1985 runde de organisatie 22 proefscholen, nu zijn dat meer dan 34 duizend dorpsscholen met 1,1 miljoen leerlingen. 70 procent van de leerlingen zijn meisjes. Bijna alle 35 duizend leerkrachten zijn vrouw. Leerlingen betalen een klein bedrag voor het onderwijs. BRAC heeft ook duizenden dorpsbibliotheken en gemeenschapscentra opgezet, alsmede een door de overheid erkende universiteit waar vooral ontwikkelingsstudies worden gedoceerd.

Naast BRAC zijn er tientallen andere grote NGO's die onderwijs verzorgen. Dat onderwijs sluit vaak aan op het formele basisonderwijs van de overheid.

■ Geboortenbeperking succesvol

Het goede nieuws uit de gezondheidssector is dat Bangladesh sinds 1971 de bevolkingsgroei tot rond 2 procent per jaar heeft teruggebracht. De meeste inwoners hebben toegang tot anticonceptiva en inentingsprogramma's. Veel mensen eten gezonder en gevarieerder. Het land beschikt over een geneesmiddelenwet die dure of ineffectieve buitenlandse medicijnen verbiedt en de lokale productie van essentiële geneesmiddelen als paracetamol, tetracycline en penicilline stimuleert. De lokale farmaceutische industriële sector, met zo'n tweehonderd bedrijven, groeit jaarlijks met 10 procent en kan voor 95 procent in de binnenlandse vraag voorzien.

Bangladesh exporteert medicijnen naar Nepal, Birma en Sri Lanka. Het voert hoogwaardige producten als medicijnen voor diabetici en kankerpatiënten in. Was er tien jaar geleden één arts op de 6.400 inwoners, nu is dat één op de 5.250 mensen. Hoewel ook binnen deze sector het particulier ini-

De dorpsschool in Jhagrapur wordt gerund door de particuliere organisatie BRAC

Plaatselijk initiatief

Bangladesh heeft de hoogste NGO-dichtheid ter wereld. Sinds de onafhankelijkheid schoten lokale ontwikkelingsorganisaties als paddestoelen uit de grond. Deels vormen zij het antwoord op het ontbreken van overheidsbeleid. Zij sluiten ook aan op het particulier initiatief dat er altijd is geweest in Bangladesh. In het verleden stichtten lokale filantropen scholen, bibliotheken, klinieken en andere sociale instellingen, die vervolgens hun naam droegen. Na de onafhankelijkheid verdween deze filantropie naar de achtergrond, volgens sommige mede doordat westerse donoren zoveel geld in Bangladesh pompten.

BRAC is, qua aantallen mensen dat het in dienst heeft en dat het bereikt, de grootste NGO ter wereld. De organisatie streeft ernaar financieel onafhankelijk te worden; het aandeel buitenlandse donaties in het budget liep terug van 36 procent in 1997 naar 18 procent in 2003. BRAC financiert haar activiteiten onder meer uit de inkomsten van zes kippenboerderijen, drie graanmolens, acht garnalenkwekerijen, acht winkels voor handnijverheidsartikelen, een commerciële drukkerij en nog veel meer. BRAC meldt op haar website 225 duizend mensen werk te verschaffen.

De Grameen Bank is ook zo'n gigantische organisatie. De bank werd bekend door de kredietverstrekking aan arme mensen. De gerenommeerde Bengalese econoom Mohiuddin Alamgir berekende eens het aandeel van de Grameen Bank in het bruto nationaal product. Volgens hem lag dat in de jaren 1994 tot 1996 tussen 1,1 en 1,5 procent. Andere grote NGO's zijn Gonoshasthya Kendra, Caritas Bangladesh, Proshika en Nijera Kori.

Er is ook kritiek op de grote lokale NGO's. De ministers van Onderwijs en van Gezondheidszorg, zo zeggen critici, moeten zich tegenover het parlement over hun beleid verantwoorden. Maar aan wie leggen NGO's verantwoording af? Toch bepalen zij hoe het onderwijs en de gezondheidszorg er voor miljoenen Bengalezen uitzien.

tiatief veel gaten vult, lijkt het erop dat de regering hier meer verantwoordelijkheid neemt. Er zijn nu serieuze plannen voor meer en betere gezondheidszorg op dorpsniveau. Maar er zijn nog grote problemen. Eén op de drie baby's heeft bij de geboorte onvoldoende gewicht. Twee op de drie kinderen van onder de vijf jaar zijn ondervoed. Slechts 14 procent van de zwangere vrouwen wordt bij de bevalling geholpen door een getrainde vroedvrouw. Er vallen extreem veel verkeersdoden. En het drinkwater vergiftigt langzaam omdat er arsenicum in het grondwater zit. De algehele conclusie is dat armoede leidt tot slechte gezondheid; en slechte gezondheidszorg leidt tot meer armoede.

■ Mensenrechten onder druk

Bangladesh krijgt van mensenrechtenorganisaties een onvoldoende. De politie is omkoopbaar. Om die reden verzandt een justitieel onderzoek naar een moord of verdachte nogal eens. Veel wetten die het gedrag van politie en leger regelen, zijn nadelig voor arme mensen. Zij kunnen zelden de gevraagde borgtocht betalen. Door hen meegebrachte getuigen worden geïntimideerd. Rechtshandhavers zijn gepolitiseerd en vaak in dienst van de partij die op dat moment regeert. Leger en politie martelen. Er vallen tientallen doden en gewonden. Ze doen huiszoekingen zonder bevelschrift. Sloppenbuurten worden onaangekondigd met de grond gelijkgemaakt.

Ook nogal wat moslimradicalen nemen het niet zo nauw met de mensenrechten. Zij zoeken vooral aanhangers onder studenten en in dorpen. In de steden intimideren zij journalisten, mensenrechtenactivisten en hun meer verdraagzame geloofsgenoten. In februari 2001 demonstreerden zij tegen het besluit van de Hoge Raad dat bepaalde *fatwa's* in strijd met de wet zijn.

Aids

Volgens de officiële cijfers – tussen de 13 en 17 duizend HIV-geïnfecteerden en 650 aidsdoden, eind 2002 – valt het allemaal nog mee. In de statistieken van UNAIDS komt Bangladesh nauwelijks voor. Slechts 0,2 procent van de honderdduizend vrouwen en mannen in de seksindustrie zou HIV-geïnfecteerd zijn. Van de 800 duizend drugsverslaafden zou maar 4 procent besmet zijn met het aids-virus. Dat de werkelijkheid mogelijk anders is, kan worden afgeleid uit cijfers uit de buurlanden waar meer openheid over dit onderwerp bestaat. In de seksindustrie in Nepal is 36,2 procent van de vrouwen besmet. Dat is het hoogste percentage in Zuid- en Zuidoost-Azië. Birma scoort het hoogst in de regio met geïnfecteerde drugsverslaafden, 47,6 procent.

Bengalezen reizen veel, zowel in eigen land als naar het buitenland. Reisbestemmingen als het buurland India en Zuidoost-Azië (waar veel migranten werken) kennen een hoge aidsdichtheid. Bloedtransfusies worden nog steeds niet allemaal getest op HIV. Drugsverslaafden gebruiken vuile naalden. In de seksindustrie worden nauwelijks condooms gebruikt. De werkers in de seksindustrie lopen extra gevaar doordat zij vaak slachtoffer zijn van (groeps)verkrachtingen door de politie of door *mastans*, knokploegen.

De twee rechters die hierover oordeelden werden met de dood bedreigd. In het district Faridpur zorgden radicalen er in 2002 voor dat 32 mensen werden aangeklaagd die betrokken waren bij de uitvoering van een toneelstuk over mensenhandel en de seksindustrie. In de dorpen zorgen zij voor een strikte naleving van de *purdah*.

De afgelopen jaren zijn er veel mensenrechtenorganisaties ontstaan; verschillende daarvan richten zich specifiek op vrouwen, kinderen en minderheden. Daardoor is nu veel meer bekend over de schendingen van fundamentele rechten in Bangladesh. Enkele organisaties helpen landloze boeren om beslag te leggen op grond die door zakenlieden of rijke boeren is ingepikt. Zo organiseerden zij zestig landlozen in de buurt van de stad Savar in de strijd tegen een machtige landeigenaar. Deze zette knokploegen in om zijn land te beschermen. De lokale autoriteiten werkten het verzet eerst tegen, maar erkenden uiteindelijk voor de rechter dat de man het kadaster had laten vervalsen om het land op zijn naam te krijgen. Daarop gingen de autoriteiten overstag; nu heeft elke voormalig landloze er een lapje eigen grond.

3   ECONOMIE

Overlevingsstrategieën

Bangladesh behoort tot de minst ontwikkelde landen ter wereld. Door de Wereldhandelorganisatie is het land wel benoemd tot aanvoerder van deze groep armste ontwikkelingslanden, vanwege de economische groei van de afgelopen jaren. Bangladesh zit in de lift. Met gemiddeld 5 procent groei doet het land het veel beter dan de meeste andere arme ontwikkelingslanden. Maar niet qua inkomen per hoofd van de bevolking. Dat schommelt nog altijd rond de 375 dollar per jaar. Wil Bangladesh de categorie van de minst ontwikkelde landen verlaten, dan moet dat cijfer zeker verdubbelen.

Daar valt overigens wel wat tegen in te brengen. Als men bedenkt dat de niet-officiële of informele economie niet in de cijfers is terug te vinden maar naar schatting tweederde van de totale economie omvat – en dat het land drieduizend miljonairs telt tegen minder dan vijf ten tijde van de onafhankelijkheid – dan gaat het misschien toch beter dan uit de officiële inkomenscijfer blijkt.

Bangladesh is een overwegend agrarische samenleving waar de meeste mensen van landbouw en visserij leven. De landbouwsector zorgt voor 30 procent van het bruto nationaal product. Akkerbouw is verreweg het belangrijkst, dan volgen de vis- en de vleessector. De rest komt uit de bossector in het noordoosten en zuidoosten van het land.

■ Alle landbouwgrond in gebruik

In de Nederlandse taal kennen we maar een woord voor rijst, het Bengaals kent er vele. Dat geeft het belang aan van dit volksvoedsel. In Bangladesh heet de rijst op het veld *dhan*. Er zijn drie hoofdsoorten: de regenafhankelijke *aman* wordt breedwerpig gezaaid of uit kweekvelden overgeplant. Het aman-seizoen duurt van juni tot november/december. De opbrengst van overgeplante rijst is 40 procent hoger dan van de breedwerpig gezaaide. Maar die laatste is weer meer bestand tegen zware overstromingen. Dan is er *aus*. Het aus-seizoen begint met de kleine regens in maart/april. Het lijkt een mirakel, maar in het najaar onderbreken de weergoden altijd even de regens zodat de aus kan worden binnengehaald. En er is *boro*, winterrijst die dankzij irrigatie steeds populairder wordt en met aman de meest gegeten soort vormt.

Van de traditionele soorten bestaan tientallen moderne variëteiten met extra hoge opbrengst. De meeste zijn in het land zelf gekweekt, op het Bangladesh Rice Research Institute. Ze hebben zonder uitzondering kunstmest nodig. Wat een boer zaait of plant, hangt af van hoe hoog of laag zijn land ligt en de beschikbaarheid van water.

Een Bengalees die een dag geen rijst eet, heeft het gevoel die dag niet echt gegeten te hebben. De rijst op zijn bord heet *bhat*. In Bangladesh wordt bhat met veel water bereid. Als ze gaar is, wordt het overtollige water weggegooid. 's Avonds koken vrouwen voor twee keer rijst. Wat na het avondeten overblijft, wordt onder een laagje water weggezet en de volgende ochtend als ontbijt geserveerd, als *panta-bhat*, natte rijst.

Naast rijst zijn jute, rietsuiker, aardappelen, peulvruchten, tarwe, thee en tabak belangrijke producten. Er wordt bovendien steeds meer groente verbouwd. Op veel plaatsen ziet men plantages met ananas, banaan, mango of papaja. De afgelopen jaren zijn veel grondeigenaren uit de stad daartoe overgegaan. Fruitbomen vereisen geen dagelijkse aanwezigheid.

De toename van de voedselproductie is te danken aan een intensiever gebruik van de grond en benutting van irrigatiemogelijkheden. Uitbreiding van het landbouwareaal is bijna onmogelijk in een land waar elk stukje grond wordt benut. De afgelopen decennia zijn alleen in het zuiden enkele stukken land drooggelegd en ingepolderd. Sinds twee decennia wordt er in het droge winterseizoen intensief geïrrigeerd. Naar schatting 865 duizend oppervlaktepompen en 23 duizend dieptepompen halen in het boro-seizoen grondwater naar boven. Daarmee voorzien zij in driekwart van de vraag naar irrigatiewater. Het gebruik van oppervlaktewater voor irrigatie is gedaald van 59 procent begin jaren tachtig naar minder dan 25 procent nu. Boro-rijst draagt nu 37 procent bij aan de totale rijstproductie van het land. In het dorp Jhagrapur is dat goed zichtbaar. In de winter staan de velden vol rijst en groente. Dankzij de toename van de voedselproductie en het afremmen van de bevolkingsgroei is Bangladesh nu redelijk zelfvoorzienend op voedselgebied.

Visserij

De rijke Bengalese literatuur bevat weinig verwijzingen naar vis en vissers. Misschien komt dat omdat vissers vroeger tot de armste mensen van het land hoorden. 'In een vissersdorp huilen de kinderen altijd', werd er wel gezegd, daar heerste altijd honger. Dat is al lang niet meer zo. Bangladesh beschikt over 80.000 km² viswater (twee keer de oppervlakte van Nederland). De 250 rivieren en ontelbare dorpsvijvers vormen de ene helft, de zee de andere. Van de dierlijke proteïnen die Bengalezen tot zich nemen, bestaat 70 procent uit vis. Riviervissen zijn er in alle soorten en maten, van de populaire *hilsa* tot minuscule visjes die zo de pan in kunnen. Er zijn zeker twintig soorten vistuig. Veel boerengezinnen hebben een bamboe-visdoos, waarmee zij het kleinere grut vangen. Rijkere gezinnen hebben een groot net hangen boven een van hun vijvers. Er zijn beroepsvissers met kleine, langgerekte boten tot de wat loggere gemechaniseerde vistrawlers. Zij zijn zowel op de rivieren als op zee te vinden.

De Wereldbank en andere donoren stimuleerden begin jaren tachtig de garnalenkweek. Dat bracht vooral in het zuiden, op de overgang van het zoete rivierwater naar de zoute zee, een forse garnalenindustrie op gang, vooral in de nieuwe polders. De grond daarvan bevatte vaak toch teveel zout voor de rijstverbouw. Toen de prijzen op de wereldmarkt voor garnalen omhoog gingen, kregen de arme boeren/vissers in de polders plotseling gezelschap van rijke zakenlieden uit Khulna en omgeving, en zelfs van een enkeling uit Dhaka. De nieuwkomers beschikten over goede relaties met de plaatselijke politie en bestuurders. Er werd hen niets in de weg gelegd toen ze beslag legden op grond die ooit was drooggelegd voor arme boeren. Sommige arme boeren probeerden hun rijstvelden nog te verpachten, maar de zakenmensen lieten knokploegen komen die hen wegjaagden. Of ze lieten de velden onderlopen met brak water, waardoor rijstbouw onmogelijk werd. Op ongeveer 8.000 hectare grond worden nu garnalen gekweekt. De huisjes voor de bewakers maken de kweekvijvers vanuit de verte zichtbaar.

In het zuidwesten, in het district Satkhira, vallen in de jacht op grond regelmatig doden en gewonden. Arme boeren die hun grond kwijt zijn hebben zich inmiddels georganiseerd en krijgen steun van mensenrechtenorganisaties. Maar in Satkhira geldt, meer dan waar ook in Bangladesh, de wet van de jungle. Lijken verdwijnen in het water, waar de krokodillen er wel raad mee weten. Als ze al worden teruggevonden, zijn zij vaak onherkenbaar verminkt. Inmiddels vormen garnalen en andere bevroren vis 7 procent van de export van Bangladesh.

Thee

Bengalezen drinken veel thee. Traditioneel doen ze dat uit kleine kopjes of glaasjes, de thee heet en sterk, met flink wat melk en suiker. In de grote steden drinken steeds meer mensen grote koppen slappe thee. Bangladesh telt 158 theeplantages. Ze liggen vooral in de divisie Sylhet en in de omgeving van Chittagong, in welke stad ook de nationale theeveiling is gevestigd. De vele bomen zorgen ervoor dat de groene theestruiken niet meer dan de helft van de dag zon krijgen, de meest gunstige situatie. Door de kleurrijke kleding van de theearbeidsters, die elke struik een keer per week plukken, is het er een lust voor het oog.

De productie van thee is sinds 1970 gestegen, van 30 miljoen kilo per jaar naar ruim 50 miljoen kilo nu. Thee is dan ook een exportproduct dat in een goed jaar ruim 20 miljoen dollar aan deviezen oplevert. Toch wordt de positie van Bangladesh op de wereldmarkt bedreigd. China, India, Sri Lanka en Kenya zijn koplopers. Volgens de VN Voedsel- en Landbouworganisatie FAO is de opbrengst per hectare in Bangladesh laag, zijn de productiekosten hoog en blijven grote lappen grond in de theetuinen ongebruikt. Daar komt bij dat de binnenlandse consumptie van thee sterk toeneemt. Bangladesh is druk bezig nieuwe theesoorten met een snellere en hogere opbrengst te kweken, om in ieder geval te voorkomen dat het land thee moet gaan invoeren.

Werkgelegenheid De groei in de voedselproductie heeft geleid tot iets meer werk, iets meer geld en hogere lonen. In dorpen zijn meer winkeltjes, kleermakers en theestalletjes gekomen. Een aantal mannen verdient met het vervoer van mensen of vracht. Er wordt veel gebouwd. Wie het zich kan permitteren vervangt de lemen hutten door een huis van baksteen. Er zijn meer radio's, een enkele televisie. Maar echt niet-agrarische, industriële ontwikkeling is er nauwelijks op het platteland. Mede daardoor blijft de werkloosheid hoog, zo'n 40 procent van de beroepsbevolking.

Bij de theestalletjes en op de bankjes langs het hoofdweggetje door Jhagrapur zitten veel jongemannen. De meeste, zoals Sentu, behoren tot de 40 procent van de bevolking zonder of met onvoldoende werk. Zijn grootvader was een van de rijkste boeren in het dorp. Hij had ook nog bezittingen in Calcutta. Zijn handpalmen waren zacht, omdat hij nooit zelf op het land werkte en alles door anderen liet doen. Na zijn dood werden zijn bezittingen verdeeld onder zijn drie dochters. Sentu's moeder kreeg acht kinderen. Die hebben nu dus ieder 1/24ste deel van het bezit van hun grootvader. Sentu moest maar gaan leren: twee van zijn broers waren geknipt voor het landbouwwerk, en die zouden de grond van iedereen bewerken. Sentu is al ver in de twintig en leert nog steeds. Hij betaalt zijn studie uit de opbrengst van zijn grond. Hij wil graag een kantoorbaan, maar die zijn er niet of nauwelijks. Landarbeider of handwerksman worden is even zeer beneden zijn stand als de kost verdienen met een fietstaxi.

■ T-shirts voor het Westen

Schommelingen in de landbouwopbrengst hebben meteen invloed op de rest van de economie. Valt de rietsuiker- of de lijnzaadoogst tegen, dan is er minder werk voor de vijftien suikerfabrieken en vier spijsoliefabrieken. Dan zijn tienduizenden arbeiders onzeker over hun toekomst. Zijn er een keer forse overstromingen, zoals in 1998 en opnieuw in 2004, dan blijft dat maanden lang merkbaar. Het land beschikt over een kleine deviezenvoorraad en bij tegenspoed zijn forse aankopen van voedselhulp in het buitenland uitgesloten. Dan moet Bangladesh zijn hand ophouden.

De dienstensector, dat wil zeggen overheid, NGO's, bankwezen, handel,

Stimulans voor de export

Om buitenlandse investeerders aan te trekken en de export te stimuleren, heeft Bangladesh sinds het begin van de jaren tachtig *Export Processing Zones* ingesteld. Ze zijn te vinden in Savar bij Dhaka, Chittagong, Comilla en enkele andere steden. Binnen- en buitenlandse bedrijven kunnen daar fabrieksruimte en grond pachten, zolang zij alleen voor de uitvoer produceren. Zij krijgen belangrijke fiscale voordelen, zoals meerjarige vrijstelling van belasting op winst en vrijstelling van invoerrechten op machines. Ook sommige bedrijven buiten deze zones, die uitsluitend voor de export produceren, profiteren van deze voordelen. Dat zijn vooral kledingateliers.

horeca, vervoer, huishoudelijk personeel, bewakers en andere vormen van persoonlijke dienstverlening, levert het grootste aandeel in het BNP. Het steeg van eenderde in 1974 tot meer dan de helft nu. Sinds de tweede helft van de jaren negentig stimuleert de regering het gebruik van internet en computers. Door de wereldwijde prijsdaling en een verlaging van de belasting op computers, krijgen steeds meer inwoners en instellingen toegang tot de moderne informatietechnologie. Bij de verspreiding ervan speelt de bevolkingsdichtheid een positieve rol, verlaten streken kent het land niet. De regering stimuleert bedrijven die software exporteren of databestanden bijhouden voor bedrijven in westerse landen.

Textiel

Bangladesh produceert kleding, juteproducten, thee, krantenpapier, cement, kunstmest en rietsuiker. Het land is nog altijd de grootste juteproducent ter wereld. De 'gouden vezel' is echter allang niet meer het belangrijkste exportproduct. Dat is de kledingindustrie. Die heeft voor een fors deel van de economische groei gezorgd. De kledingsector werkt vrijwel volledig voor de uitvoer. De meeste mensen kunnen de in Bengalese ateliers gemaakte kleding niet betalen en zijn aangewezen op traditionele producten of afdankertjes uit het Westen. In de grotere steden vind je op meerdere plaatsen concentraties met kraampjes tweedehands kleding.

In 1970 was er slechts een textielfabriek in het land. Textielbaronnen uit Singapore, Hongkong en Zuid-Korea ontdekten halverwege de jaren zeventig de goedkope arbeid in Bangladesh. In 1977 waren er zeven naaiateliers. In 1984 was hun aantal gestegen tot 587. In 1998 waren het er 2.650 en eind 2001 rond de 3.000. Ze staan vooral in Dhaka, Chittagong, Narayanganj, Savar en Tongi. Terwijl de eerste fabriekjes nog *joint ventures* waren tussen

De Grameen Bank leent aan de armen

Tijdens de dramatische hongersnood van 1974 gaf Muhammad Yunus zijn baan aan de Universiteit van Chittagong eraan om in een dorp onderzoek naar armoede te gaan doen. Hij ontmoette een vrouw die leefde van het maken van bamboevoorwerpen. Ze verdiende er te weinig mee om zelf nieuwe bamboe in te kunnen kopen. Daarom leende ze steeds geld van een plaatselijke handelaar. Die berekende zo veel rente dat zij arm en afhankelijk bleef.

Yunus maakte een lijst met vrouwen in een vergelijkbare positie. Ze bleken bij elkaar 856 *taka* nodig te hebben om niet meer afhankelijk van de geldschieter te zijn. Voor hen een enorm bedrag, Yunus kon het zo uit eigen zak neerleggen. De professor realiseerde zich dat dit geen echte oplossing was, dus ging hij naar verschillende banken. Maar die wilden geen geld uitlenen aan arme mensen. Die zouden immers nooit terug betalen. Daarom zette Yunus in 1976 zelf de Grameen Bank, de Dorpsbank, op.

Eind 2003 hadden bijna drie miljoen mensen geld geleend van de Grameen Bank. Van hen is 95 procent vrouw. Zij organiseren zich in groepjes. Elke groep is verantwoordelijk voor de terugbetaling door zijn leden. In het algemeen wordt 99 procent van de leningen op tijd terugbetaald. Dat is aanzienlijk meer dan bij reguliere banken. Sinds 1976 heeft de Grameen

Zuidoost-Aziatische en lokale zakenlieden, zijn de meeste nu puur Bengalees. Ze zijn afhankelijk van contracten.

De sector biedt werk aan 1,3 miljoen vrouwen en 280 duizend mannen. De schattingen van het aantal kindarbeiders onder hen variëren van 25-50 duizend (cijfers van de werkgevers in de branche) tot 300 duizend volgens lokale onderzoeksjournalisten. De vooral genaaide en gebreide kleren gaan voor ruim de helft naar Noord-Amerika, de rest vindt afzet in de Europese Unie en de Caribische landen.

Hoe kwetsbaar zo'n sector is, en daarmee de economie van het land, bleek na de aanslagen van 11 september 2001. Omdat veel afnemers uit de Verenigde Staten daarop alle invoer uit moslimlanden beëindigden, dreigde opeens sluiting van honderden ateliers en ontslag voor driehonderdduizend textielarbeiders. De grootste bedreiging van de textielindustrie in Bangladesh is echter de beëindiging van het Multivezelakkoord, eind 2004. De totstandkoming daarvan enkele decennia geleden garandeerde Bangladesh toegang tot markten in Noord-Amerika en West-Europa. Het akkoord verzekerde het arme land van een vaste afzet. In het kader van de handelsliberalisering komt daar een einde aan en moet Bangladesh opboksen tegen Afrikaanse en Caribische landen, en vooral tegen China. Een Nederlandse handelaar, die in 2002 nog grootschalig T-shirts inkocht voor 36 dollarcent (!) per stuk vertelde: 'Alleen de T-shirts zijn hier nog goedkoop. De rest is te duur. Over twee jaar kom ik hier niet meer. Dan haal ik alles uit China. Jammer voor de mensen hier.'

Textielarbeiders zijn niet of slecht georganiseerd. Zij die wel georganiseerd zijn, zijn verdeeld over meerdere vakbonden. De ateliereigenaren moeten niets van vakbonden hebben. Het arbeidsloon houdt geen gelijke

Bank ruim vier miljard dollar uitgeleend. De rentes variëren van 5-20 procent per jaar, afhankelijk van het soort activiteit waarvoor wordt geleend. Sinds 1998 heeft de bank geen geld meer van donoren ontvangen.

De Grameen Bank heeft bedrijven opgezet op het gebied van internet, levensverzekeringen en textiel. De bank zette ook een eigen telefoonmaatschappij op en leende geld aan dorpsvrouwen voor de aanschaf van mobiele toestellen. De helft van de dorpen in Bangladesh heeft nu zo'n eigen telefoniste. Vaak beschikt die over de enige telefoon in het dorp. Het Grameen Bank model is inmiddels naar zo'n zestig landen geëxporteerd, waaronder de VS.

Er zijn veel meer NGO's in Bangladesh die krediet verstrekken. Op sommige daarvan bestaat kritiek. De allerarmsten kunnen zelfs de lage rentes niet betalen en vallen buiten de boot. De banken berekenen soms wel erg hoge rentes. Of geven zulke kleine kredieten dat je er geen naaimachine of vrachtfiets mee kunt kopen. Volgens critici is het een mythe dat zij vooral aan vrouwen krediet verschaffen. Dorpelingen weten dat het geld in veel gevallen thuis meteen naar de man gaat. Commerciële banken klagen dat deze ontwikkelingsbanken belastingvoordelen krijgen die zij missen.

tred met de kosten van het levensonderhoud. Mensen werken vaak zonder arbeidsovereenkomst. Veel vrouwen maken meer overuren dan is toegestaan. De werkomstandigheden zijn belabberd. Bangladesh kent wel een arbeidswetgeving, die ook rekening houdt met de belangen van vrouwen, maar daar wordt voortdurend de hand mee gelicht. Unicef en de Internationale Arbeidsorganisatie ILO sloten in 1995 een overeenkomst met Bangladesh Garment Manufacturers and Exporters Association om kinderarbeid in naaiateliers tegen te gaan.

■ Altijd in beweging

Al in de 18de eeuw monsterden arme Bengalezen uit Chittagong en Noakhali aan op Britse schepen. Zij waren de eerste migranten van het land. Vanaf halverwege de 20ste eeuw trokken veel landlozen uit de *division* Sylhet voor werk naar het buitenland. Tegenwoordig stuurt bijna de helft van de plattelandsbevolking er een familielid op uit om geld bij te verdienen. De migrant kan elders in de landbouw gaan werken, op zoek gaan naar werk in de stad of werk zoeken in het buitenland. Van die laatste gaan de goedopgeleiden naar Noord-Amerika en Europa. Er zijn een kwart miljoen Bengalezen in Groot-Brittannië, de meeste uit Sylhet. Wie wel diploma's heeft maar minder geluk (de meesten), komt terecht in het Midden-Oosten of Zuidoost-Azië. Dan wordt het werken in de fabriek, in de bouw of in de verpleging, taxichauffeur, huisbediende of prostituee.

Soms vergaat het migranten redelijk; af en toe vangen we een glimp op van hoe het ook kan gaan. Zoals met Nazneen, hoofdpersoon uit de roman *Brick Lane* van Monica Ali, een op jonge leeftijd aan een oudere man uitgehuwelijkt dorpsmeisje dat zonder Engels te spreken in Londen belandt. Zij heeft jaren nodig om te wennen. Haar echtgenoot lijdt onder de discriminatie en werkloosheid. Als hij uiteindelijk besluit zijn oude dag in Bangladesh door te brengen en op het punt staat met zijn gezin naar het vliegveld te gaan, besluit zij in Londen te blijven.

Migratie heeft een enorme vlucht genomen. De regering heeft een apart ministerie voor Overseas Employment opgezet, dat vergunningen verstrekt. Meestal zitten daar bureaus tussen, die alles voor een werknemer regelen. Elk jaar vertrekken zo'n tweehonderdduizend Bengalezen naar het Midden-Oosten. Van hen gaat 95 procent ongeschoold werk doen. Een groot aantal migranten vertrekt zonder papieren. Zo zou één op de zeven Bengalezen in Maleisië zonder documenten zitten. Hun bemiddelaars, die rond de tweeduizend dollar rekenen, laten hen via de bossen en bergen van Thailand reizen. Ze werken vooral in fabrieken en in de bouw. Wie zonder papieren wordt opgepakt, belandt in een van de Maleisische interneringskampen voor migranten zonder papieren.

In 1998 beperkte de regering de verstrekking van uitreisvergunningen aan vrouwelijke migranten, vooral aan vrouwen die geronseld werden als huis-

Vis drogen in het zuidwesten van het land

Rijst wordt opgegooid om het van stof te ontdoen

Srimangal, Sylhet-district: theeplantagewerkers vervoeren de versgeplukte blaadjes

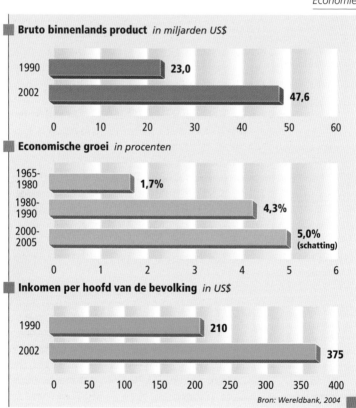

Bruto binnenlands product *in miljarden US$*

1990	23,0
2002	47,6

0   10   20   30   40   50   60

Economische groei *in procenten*

1965-1980	1,7%
1980-1990	4,3%
2000-2005	5,0% (schatting)

0   1   2   3   4   5   6

Inkomen per hoofd van de bevolking *in US$*

1990	210
2002	375

0   50   100   150   200   250   300   350   400

Bron: Wereldbank, 2004

houdelijke hulp. Volgens de regering kregen zij teveel met geweld en seksueel misbruik te maken. Volgens de politie worden ondanks die beperkingen
elk jaar zo'n vijftienduizend vrouwen en kinderen het land uit gesmokkeld.
Een deel van hen komt terecht in de seksindustrie in India, Pakistan, het
Midden-Oosten of elders. De Bangladesh National Women Lawyers Association en andere vrouwenorganisaties vechten dit beleid aan. Volgens hen
hebben veel arme vrouwen geen enkele keus en kan de regering beter iets
proberen te doen aan de rechten en werkomstandigheden van migranten dan
migratie te verbieden. Sinds kort laat de regering de teugels daarom weer
vieren. Wel heeft een vrouw nog steeds een geschreven vergunning nodig
van haar man, en als zij weduwe is van haar familie, om in den vreemde aan
de slag te kunnen.

De migranten worden steeds belangrijker voor de economie. Volgens de
Bangladesh Bank en het Internationaal Monetaire Fonds stuurden migranten
in 1976 nog maar 24 miljoen dollar naar huis; in 1990 was dat 779 miljoen
en in 2002 2.618 miljoen dollar. Een verhonderdvoudiging in 25 jaar! In die
periode vertrokken drie miljoen Bengalezen voor werk naar het buitenland.
Wat zij langs officiële kanalen naar huis sturen is meer dan wat het land aan
buitenlandse hulp ontvangt. Langs onofficiële kanalen voeren zij nog eens
20-40 procent van dat bedrag in. Een deel van het geld wordt gebruikt voor
de bouw van een eigen huis of voor consumptieve doeleinden. Een ander
deel gaat naar de aankoop van grond (oudedagsvoorziening), onderwijs van
familieleden of het opzetten van een handeltje.

Aan de vooravond van de Golfoorlog van 1991 werkten er vijftienduizend
Bengalezen in Irak en zeventigduizend in Koeweit. Toen de oorlog uitbrak,
ging het merendeel van hen terug naar huis. Dat was niet alleen een schade-
post voor hen zelf maar ook voor het land. De oorlog tegen Irak in 2003 had
minder negatieve invloeden. Volgens de regering vertrokken in de periode
januari-maart 2003 toch nog meer dan dertigduizend mensen naar Qatar,
Koeweit, Bahrein en Saudie-Arabië.

Transport   Bangladesh beschikt over ruim achtduizend kilometer bevaarbare water-
weg. Bijna tweederde daarvan is permanent beschikbaar, de rest alleen in
de regentijd. Er zijn tien grote binnenlandse havens en veertienhonderd
aanlegplaatsen voor veerboten. Tijdens de regens en in het droge seizoen
verschuiven veel aanlegplaatsen. Naast eenvoudige vaartuigen zijn er bijna
vierduizend gemechaniseerde schepen. Verreweg het meeste transport is in
handen van particuliere ondernemers. Het is weinig klantvriendelijk. Vaak
boeken boten teveel passagiers en lading. Ongelukken met veerboten zijn
nog steeds aan de orde van de dag. Vervoer over water is wel het goed-
koopst.

Het vervoer over de weg wordt langzaam maar zeker beter. Lange-
afstandbussen brengen de reiziger binnen een dag naar vrijwel alle belang-

Ladingen boomstammen op weg naar de pulpfabriek, bij Khulna

rijke plaatsen in het land. Vandaar rijden – aanzienlijk minder comfortabele, maar vaak veel kleurrijkere – bussen naar lokale bestemmingen. Doorgaande wegen zijn vaak tweebaans, lokale wegen bestaan meestal uit één baan en aan weerszijden een flinke berm. Alle wegen zijn overvol, en er is een duidelijke hiërarchie. Bovenaan de ladder staan vrachtwagens en bussen. Die wijken voor niets en niemand. Dan komen vrachtautootjes en minibussen, gevolgd door gewone auto's. Dan de driewieltaxi's, vervolgens de duwkarren en de riksja's. En tenslotte de mensen te voet. Deze hiërarchie is belangrijker dan de officiële verkeersregels. Veel chauffeurs rijden zo hard ze kunnen en brengen de rest van het verkeer voortdurend in gevaar. Het aantal dodelijke ongelukken is onrustbarend groot.

Door de vele rivieren staat men vaak in de rij voor een veerboot. De in 1998 geopende Jamuna Bridge naar het noordwesten heeft de rijtijd naar die regio met drie uur verkort. Dhaka kreeg een rondweg die het verkeer van en naar de stad moet versnellen. De weg is gebouwd op een dijk, die er ook voor moet zorgen dat de stad minder last heeft van overstromingen.

Binnenlandse vluchten zijn er vooral van Dhaka naar de hoofdsteden van de vijf andere *divisions*. Op diverse andere plaatsen zijn *airstrips* voor kleine vliegtuigen. Er rijden treinen naar de diverse steden. Ze zijn veel veiliger dan het wegvervoer maar, behalve de intercity van Dhaka naar Chittagong, ook langzamer. Vanwege de rivieren maken ze grote omwegen.

Buitenlandse hulp Sinds zijn onafhankelijkheid ontving Bangladesh bijna 40 miljard dollar aan buitenlandse hulp. Al jaren zijn Japan, de Asian Development Bank en de Wereldbank de grootste donoren. Sinds 1976 gaf de EU Bangladesh 1,5 miljard dollar hulp. Aanvankelijk werd dat vooral uitgegeven aan noodhulp, de laatste jaren steeds meer aan voedselzekerheidprogramma's. Minstens zo belangrijk voor het land is de handelsrelatie. Van de minst ontwikkelde landen voert Bangladesh het meeste uit naar de EU. Het Europese parlement aanvaardde enkele resoluties waarin de regering van Bangladesh wordt bekritiseerd, onder meer vanwege haar optreden in de Chittagong Hill Tracts.

Heeft de hulp geholpen? Een evaluatie door de eigen (onafhankelijke) inspectie ontwikkelingssamenwerking van het ministerie van Buitenlandse Zaken van de Nederlandse hulp tussen 1972 en 1996 pakte positief uit. Bangladesh is beter geworden van de door Nederland gefinancierde kunstmestleveranties, de projecten van zaadveredeling, diversificatie van gewassen en waterbeheer.

In Bangladesh is de buitenlandse hulp vaak onderwerp van kritiek. Volgens economen als Rehman Sobhan van het Centre for Policy Dialogue en Muhammad Yunus van de Grameen Bank is de meeste hulp in het Westen blijven hangen, en daar besteed aan de aanschaf van dure apparatuur. Ook ging veel geld naar westerse adviseurs. De hulp is een rem geworden op initiatieven van de bevolking zelf. Van de critici mag de hulp worden stopgezet, om het land de gelegenheid te bieden zelf orde op zaken te stellen.

4   CULTUUR

Nationaal bewustzijn: Bengalees of islamitisch?

Vlakbij de boerderij van een onderwijzer van de basisschool in Jhagrapur zitten vierhonderd mensen rond een in de haast opgetrokken podium. De mannen vooraan op banken of op zelf meegebrachte stoelen en krukjes. De vrouwen, al of niet met klein kind aan de borst, achteraan op de grond of leunend tegen een palmboom. Achter de van jute en plastic gemaakte coulissen staan zes jonge acteurs klaar voor een *jatra*, een volkstoneelstuk. Een speelt een Pakistaanse generaal, een ander een Bengalese vrijheidsstrijder, een derde is komiek. De andere drie maken zich op als vrouw, want echte vrouwen op het toneel, dat kan hier niet. Vier muzikanten vermaken het wachtende publiek. Door een krakerige microfoon brengen ze *bangla songs* over de onafhankelijkheidsstrijd. Over dat onderwerp gaat ook de voorstelling die even later begint en anderhalf uur zal duren. Het wordt een spektakel met veel bravoure en humor, met gesproken teksten en liedjes, en een verhaal met moorden, overspel en af en toe een boodschap van de komiek over gezondheidszorg. Een echte dokter is beter dan een kwakzalver. Na afloop gaat iedereen tevreden naar huis.

Veel dorpen hebben zo'n theaterclub. Daarnaast zijn er professionele groepen. In een gebouw in het centrum van Khulna staan acht mannen en acht vrouwen van vormingstheater *Rupantor* klaar voor een uitvoering. De meesten zijn onder de dertig jaar. Onder hen zijn zowel moslims, hindoes als boeddhisten. Het publiek in de zaal bestaat uit Bengalezen, van wie de meesten westers gekleed gaan. Een enkeling is in *sari* of *lungi* met daarboven een traditioneel Bengalees shirt.

In de eerste akte van het stuk vertelt een arts aan een echtpaar goed nieuws te hebben: de vrouw is zwanger. Alom vreugde. Wat wordt het? Een meisje. Meteen consternatie bij de aanstaande vader: die wil dat de zwangerschap wordt beëindigd. Meisjes kosten alleen maar geld. Eten, een bruidschat. Jongens leveren ten minste wat op. De moeder smeekt hem haar kind in leven te laten. Een meisje mag er net zo goed zijn als een jongen.

In de tweede akte komt de rest van de groep met lange bamboelatten het toneel op. Ze stellen zich op om de zwangere vrouw. Hun latten zijn haar tralies. Een acteur speelt de foetus in haar schoot en vraagt aan de zaal: Ben ik dan niet welkom? Het geweeklaag en de protesten van de moeder kunnen niet voorkomen dat de lattendragers de foetus van haar scheiden. Het kind sterft. De moeder blijft verdwaasd achter. De vader houdt er een onrustig

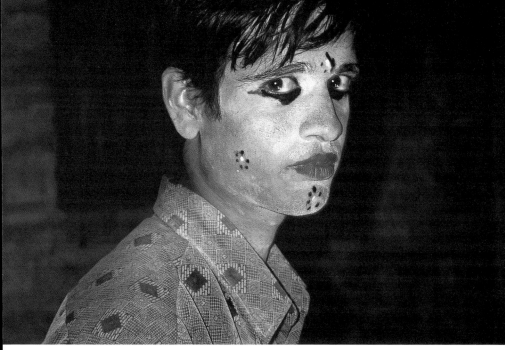

Bij het dorpstoneel vervullen mannen ook de vrouwenrollen JOS VAN BEURDEN

geweten aan over, want de geest van het kind blijft rondwaren. Zijn nachten zijn rusteloos. Hij is bang en verschrompelt.

Elke scène van dit stuk staat ook nog eens kunstig op een stuk katoen van 1 x 1,5 meter geschilderd. De verschillende schilderingen zitten aan elkaar en rond brede bamboestammen gerold, zodat het lijkt alsof de twee acteurs die de schilderingen afrollen een film afdraaien. *Rupantor* heeft 160 mensen in dienst en begeleidt 56 dorpstoneelgroepen. Het is de grootste NGO in Bangladesh die theater en ontwikkeling combineert. Het wil met de toneelstukken de gelijkheid tussen man en vrouw en religieuze tolerantie bevorderen. En ze stellen de uitbuiting van arme boeren en vissers aan de kaak. De groep heeft ook een stuk over het verzet van arme garnalenvissers tegen rijke zakenlui uit Khulna en omgeving.

■ Een gemeenschappelijke taal

De inwoners van Bangladesh en West-Bengalen delen een passie voor hun gemeenschappelijke taal, het Bengaals, en daarmee voor Bengalese poëzie, romanliteratuur, toneel en muziek. In de uitingen van volkskunst zijn traditionele, boeddhistische, hindoeïstische en islamitische elementen vaak vermengd. *Baul songs* zijn daarvan een voorbeeld. Soms, zoals in het geval van de *jarigans*, melancholische liederen over de geschiedenis van de islam, gaat het om pure moslimkunst. De moderne versie van die vermenging is te vinden in de schilderingen waarmee riksja's, vrachtwagens of bussen wor-

Baul songs

Ze zijn al oud en nog steeds populair. Ze vormen een tegengif tegen religieus fanatisme: de *Baul songs*. Een Baul is een bard, een zingende verhalenverteller over liefde en universele broederschap. Een Baul kan een hindoe- of moslimachtergrond hebben, maar ziet zichzelf primair als Baul. Baul-kenner Anwarul Karim:'Bauls, die ook in India voorkomen, zijn voorstander van gelijkheid. Ze hebben geen tempel of moskee nodig om hun spiritualiteit te beleven. Het goddelijke schuilt in iedere mens. Ze hebben geen heilig boek dan de teksten van hun eigen liederen en de *ektara*, een een-snarig tokkelinstrument.'

De bekendste Baul is de in 1890 overleden Fakir Lalon Shah. Deze eenvoudige mysticus trok met zijn toespraken en liederen over onderling begrip en verdraagzaamheid duizenden toeschouwers en was een inspiratiebron voor onder andere Rabindranath Tagore. Farida Parveen en Kangaleni Shuphia behoren tot de populaire Baul-zangeressen van deze generatie.

Soms botsen de voorstanders van de traditionele uitvoering van liederen van de Baul, van Tagore en Nazrul met jonge musici. Traditionele musici romantiseren de vaak arme uitvoerders van de Baul-songs en houden vast aan de strikte uitvoering van de liedkunst. Ze verfoeien de commercialisering van de traditionele Bengalese muziek en verzetten zich fel tegen iemand als Maqsoodul Haq, artiestennaam Mac, die dergelijke liederen verjazzt en tegen jonge musici die de *ektara*, *dotara* (twee-snarig tokkelinstrument) en *tabla* (trommel) vervangen door een keyboard. De jonge musici stellen daar tegenover dat jongeren geen aandacht meer hebben voor de traditionele liedkunst, tenzij die gemoderniseerd wordt.

Zo levend als literatuur en muziek zijn, zo zwaar hebben traditionele keramiek en textiel het te verduren. Tweedehands kleding uit het Westen verdringt de traditionele tuniek. Pottenbakkers verliezen terrein aan Oostaziatische fabrikanten van plastic voorwerpen. Men moet naar musea gaan om alles nog te kunnen zien; daar vindt men eeuwenoud aardewerk en traditionele kledij.

Eind 2001 deden Bengalese archeologen een opmerkelijke vondst. In een door hen gegraven geul bij het dorp Wari-Bateshwar in het noorden troffen zij 2.450-jaar oud aardewerk, handbijlen, speerpunten, messen en stukjes ijzer aan. Toen moeten er dus al georganiseerde pottenbakkers zijn geweest, en dus ook handelscentra. Van daaruit moeten contacten onderhouden zijn met de rest van Zuid-Azië en zelfs het Romeinse Rijk. Sommige aardewerken voorwerpen duiden erop dat het boeddhisme hier toen al voet aan de grond had. Laboratoriumtesten wezen uit dat om de oudste gevonden objecten in het land ging.

Harmoniumspeler begeleidt moslim- en Tagore-zangers

JOS VAN BEURDEN

den beschilderd. Die moeten het wel steeds meer opnemen tegen lokale en internationale popsterren, crickethelden en filmidolen. In winkels ziet men vaak foto's hangen van de schrijvers Rabindranath Tagore (1861-1941) of Nazrul Islam (1899-1976). Tagore is van geheel Bengalen. Nazrul Islam is de nationale dichter van Bangladesh. Hij gaf poëtische uitdrukking aan het opkomend nationalisme.

■ Beeldvorming: altijd rampen

Als de westerse media aandacht besteden aan Bangladesh is dat meestal vanwege een overstroming, een gekapseisde veerboot of iets met moslimradicalen. In het laatste geval komen er voorbeelden van binnenlandse intimidatie, demonstraties en andere acties en suggestieve opmerkingen over hun internationale banden. Bewijzen voor hun betrokkenheid zijn er weinig. In geval van een natuurramp krijgen we de slachtoffers te zien, hopeloos en hulpeloos, mensen die zonder onze hulp nauwelijks verder kunnen. Steeds meer Bengalezen maken zich boos over het beeld van Bangladesh dat veel westerse politici, ontwikkelingsexperts en de media er op na houden.

Sommige ontwikkelde Bengalezen zeggen het zo: 'Eerst hebben de Britten ons vernederd. Toen de Pakistani. En nu doen de donoren het. Ons nationaal zelfrespect is geërodeerd. Wij hebben ons onze trots laten afnemen en geleerd te accepteren dat we niet goed genoeg zijn. Daarom zijn wij opgehouden voor onszelf te denken en onze eigen beslissingen te nemen.'

Deze mensen hebben genoeg van hun eigen minderwaardigheidsgevoelens. Het Gouden Bengalen heeft veel te bieden, en kan veel zelf. De NGO Nijera kori heeft zich zelfs zo genoemd: We kunnen het zelf!, *nijera kori*.

In een ontmoeting tussen een westerling en een Bengalese dorpeling zegt die laatste vaak *ami gharib manush*, ik ben maar een arm mens. Dat iemand zichzelf als 'arm' definieert ten opzichte van een westerling, betekent niet dat hij ten einde raad is. Het tekent alleen de verhouding: meestal zijn westerlingen rijker dan Bengalezen, en misschien vindt hij wel dat die rijkdom verplichtingen schept.

Zo gaat het tenminste onderling ook toe. Filantropie was vroeger normaal. Onderweg zie je het, als op een school, kliniek of buurtgebouw een steen is gemetseld met de naam van de stichter, meestal een plaatselijke grootheid. Even leek die gewoonte te zijn ondergesneeuwd onder de natuurrampen, de vuisten van militairen en de miljarden aan buitenlandse hulp die na 1971 over het land spoelden. Maar er is een kentering. Mensen noemen de overstromingen van 1998 als keerpunt. Ineens was er weer meer onderlinge betrokkenheid. Een rijke zakenman opende een gaarkeuken, waar driehonderd mensen een maand lang terecht konden. Enkele onderzoekers postten op het centraal station van Dhaka om te tellen hoeveel slachtoffers van de overstroming in de stad arriveerden. Andere vrijwilligers regelden opvang en een eerste maaltijd. Een welgestelde vrouw stelde haar huis open

Diplomaten smokkelen kunst

Er zijn zegge en schrijve nog zes hindoe handwerklieden in Bangladesh die op traditionele wijze godsbeelden en rituele voorwerpen maken. Van brons of koper met de *cire perdue* methode, of uit steen gehakt. Enkele van hen wonen in het plaatsje Dhamrai op veertig kilometer ten noordwesten van Dhaka. Volgens een van hen hebben de meeste hindoehandwerklieden Bangladesh verruild voor India. Daar zijn zij veiliger en verdienen ze meer. Hier is het armoe troef.

Veel hindoes die Bangladesh in de loop der jaren hebben verlaten namen hun huisgoden en altaren mee. Anderen moesten vluchten voor moslimradicalen en durfden het niet. Hun huizen en de hindoetempels zijn doelwit van plunderaars geworden. Omdat er niemand is om de tempels te onderhouden en te bewaken, verkeren de meeste in een deplorabele staat.

In een winkel wordt illegaal verworven antiek aangeboden, afkomstig uit een hindoeïstische of boeddhistische tempel

Verschillende antiquairs in Dhaka verkopen bijvoorbeeld zwartstenen voorwerpen uit hindoeïstische en boeddhistische tempels in het plaatsje Mahasthangarh bij Bogra. Soms gaat de antiquair er zelf op uit. Soms stuurt hij medewerkers, of helpen plaatselijke 'agenten'. De politie grijpt zelden in. In een winkel in Dhaka haalt de antiquair een boek te voorschijn, *Sculptural Art of Bangladesh* van A.K.M. Shamsul Alam. Klanten mogen een beeld aanwijzen dat zij graag willen, en hij zorgt dat het er komt. Als het origineel er nog is het origineel, en anders laat hij een kopie maken. Veel beelden in zijn winkel vertonen braaksporen. 'Bent u diplomaat, of hebt u vrienden die de diplomatieke post kunnen gebruiken?', vraagt hij. 'Dan kunt u de douane omzeilen. Die doen soms lastig.' Ook deze antiquair zegt dat diplomaten zijn beste klanten zijn. Hij noemt diverse voorbeelden van diplomaten die kunst het land uitsmokkelden die niet had weggemogen.

Eén ambassadeur was helemaal verliefd op een zwartstenen beeld van de hindoegod Vishnu. Omdat de wet van Bangladesh hem verbood deze antiquiteit uit te voeren, schreef hij een brief aan de president met het verzoek een uitzondering voor hem te maken. De president vroeg de directeur van het Nationaal Museum om advies. Deze functionaris gaat over uitvoervergunningen voor cultuurobjecten. Zijn antwoord was kort en duidelijk: nee. Daarop vroeg de president om raad aan het hoofd van het Archeologie Departement. Die adviseerde positief. De ambassadeur vertegenwoordigde immers een belangrijke donor. Daarop verliet het beeld Bangladesh.

voor de opvang van ongehuwde moeders uit de overstroomde gebieden. Veel Bengalezen gaven aan bedelaars, geld in de stad, een kopje rijst of linzen in een dorp. Gevraagd naar de beweegreden van hun giften zeggen de meeste mensen het deels vanuit de islam te doen, en deels ook uit nationalistische overwegingen. Een Bengalees laat je niet in de steek.

Bengalezen zijn overlevers. Dicht op elkaar geplakt. Moeilijk controleerbaar. Als het slecht gaat met de economie, neemt de wreedheid toe. Binnen gezinnen, tussen gezinnen, binnen dorpen, binnen de hele samenleving. Door de vele waterwegen en jaarlijkse overstromingen weet men in het centrum van het land vaak niet wat er elders gebeurt. Hoe verder van de hoofdstad of hoe moeilijker bereikbaar een plaats is, des te vaker hebben plaatselijke bonzen het voor het zeggen. Die bonzen zijn op hun eigen belang uit en schuwen geen geweld. Dodelijke slachtoffers zijn geen uitzondering. Zij maken de zeer wrede kant van de Bengalese samenleving zichtbaar. Van de moordenaars, de landjepikkers en de verkrachters.

◼ Religieuze tolerantie bedreigd

Vanaf begin 19de eeuw zijn er stromingen geweest die de islam wilden inspireren. Sommige, zoals de Faraidi-beweging, waren puriteins, anti-Brits en anti-hindoeïstisch. Zij hadden veel aantrekkingskracht op de verpauperde bevolking. Andere, zoals de in 1863 opgerichte Muhamaddan Literary Society, wilden de koran zo rationeel mogelijk interpreteren en onderscheidden voorschriften die van alle tijden zijn en voorschriften die door tijd en plaats worden bepaald. Zij benadrukken de dynamische en progressieve aard van de islam. Deze modernistische islamitische stroming heeft nog steeds aanhangers, vooral onder goedopgeleide stedelingen.

Voor de meerderheid van de mensen in Bangladesh is de islam een volksreligie. Zij zijn religieus tolerant en wonen soms hindoefeesten bij. Zij moesten niets hebben van de aanslagen van 11 september 2001 in de VS. Tegelijk verwerpen ze het Amerikaanse optreden in het Midden- en het

Feest

Als hindoes feestvieren zijn er bloemenkransen, wierook, muziek en lekker eten. De feesten van moslims zijn soberder, ook al worden er steeds vaker cd's gedraaid met religieuze, nationalistische of westerse nummers. Moslimfeesten vinden vooral plaats vanwege een overlijden, huwelijk of religieuze feestdag. Alcohol is taboe, hoewel boeren soms een sterk lokaal drankje produceren en sommige stedelingen westerse spiritualia in huis hebben.

Op moslimfeesten is eten belangrijk. Op *Eid-ul-Azha*, het grote offerfeest worden veel dieren geslacht. Daags tevoren komen ze in horden naar de grote steden. Boeren hebben een slachtgeit aan een touw bij het huis staan. Is het eenmaal geslacht, dan verdelen zij het vlees in drie precies gelijke delen. Eén voor de armen, één voor gasten en verwanten, en één deel voor de familie van de eigenaar zelf. Vaak komt een buurman dat doen, zodat iedereen weet dat de eigenaar niet te veel voor zichzelf houdt.

Nabije Oosten. In het algemeen heeft deze stroming het gezicht van Bangladesh bepaald. De scheiding van hindoes en moslims in 1947, bij de opdeling van Brits-Indië in Pakistan en India, verliep aan de kant van het tegenwoordige Bangladesh vreedzamer dan aan de andere kant, in Punjab. De laatste jaren doen moslimradicalen van zich spreken. Veel Bengalezen die in 1970 de kant van de West-Pakistani kozen en niets moesten hebben van het secularisme van Mujibur Rahman ('verraad aan de islam') behoren daartoe. Voor hen biedt de koran een complete code voor het leven. De fundamentalistische Jamaati-i-Islam is al jaren een vaste bespeler van het politieke toneel in Bangladesh. Bij de verkiezingen van 2001 behaalde de partij achttien zetels. Zij regeert mee, evenals de nog radicalere Islam Oikya Jote. De regering steunt de strijd tegen het terrorisme maar waakt er tegelijk voor een sterke opstelling tegen moslimradicalen. De regering subsidieert het islamitisch onderwijs en de jaarlijkse bedevaart naar Mekka.

Het sprookje van Zohir en Zarina

'Lang geleden', zo vertelt een vader in Jhagrapur zijn kinderen, 'beet een slang Zohir in zijn grote teen, en iedereen dacht dat het jongetje dood was. Zijn ouders stopten hem in een mand, legden er een briefje bij waarop ze schreven: Wie hem tot leven wekt, krijgt een grote beloning, en deden de deksel dicht. Ze brachten de mand naar de rivier. Het water nam hem mee. De mand dreef almaar voort, totdat Zarina, dochter uit een familie van slangenbezweerders, de mand zag. Met haar grootmoeder tilde zij hem uit het water. Ze maakte het deksel open, las het briefje en begreep dat het jongetje al zeven dagen dood was.

Hoe kunnen we hem weer tot leven brengen, vroegen zij haar grootmoeder. Ze gingen te rade bij alle slangenbezweerders in de omgeving. Een van hen adviseerde voor veel melk en een witte geit te zorgen. Zodra die klaarstonden, begon Zarina op haar fluit te spelen en ineens verscheen er een grote python. Hij kroop naar het dode jongetje toe, zoog het gif uit

Bangladesh heeft sinds zijn onafhankelijkheid niet alleen veel armoede gekend, het land heeft ook geleden onder wanbestuur en corruptie. Die vormen tezamen een goede voedingsbodem voor het fundamentalisme. In dorpen met veel sympathisanten van het moslimradicalisme hebben vrouwen het zichtbaar moeilijker dan in meer liberale plaatsen.

Hindoes hebben zich vaak slecht op hun gemak gevoeld in Bangladesh; het is niet voor niets dat hun aandeel in de bevolking is gedaald van 30 procent in 1947 tot 10 procent nu. Begin jaren negentig waren er felle antihindoerellen. Regelmatig staan er berichten in de krant over schendingen van hindoetempels. Veel huizen van hindoes staan leeg, of alleen de oudere generatie woont er nog. Als er in de halflege huizen wordt ingebroken en er worden spullen gestolen, laat de politie het nogal eens afweten.

---

zijn lijf en spoog dat in de melk. Die werd meteen helemaal zwart. Vervolgens slikte hij de geit in een keer door en verdween. Hoewel Zohir nog geen teken van leven vertoonde, begon Zarina hem te verzorgen. Ze druppelde water op zijn lippen en duwde wat honing in zijn mond. Die avond opende Zohir zijn ogen, en Zarina en haar grootmoeder vertelden hem hoe zij zijn leven hadden gered. Zohir werd meteen verliefd op Zarina en gaf haar een ring die zijn ouders hem ooit aan zijn vingers hadden geschoven. Zarina en haar grootmoeder lieten Zohir's ouders weten dat hun zoon leefde.

Zodra zij het nieuws hoorden, gingen zij met vijftien geiten en een zak geld op pad. In Zarina's huis sloten zij hun zoon in de armen. Het meisje weigerde de beesten en het geld aan te nemen. Ze pakte de vader van Zohir bij zijn benen en smeekte hem zijn zoon te mogen trouwen. Maar dat kon niet, want Zarina was hindoe en Zohir moslim. Uiteindelijk gaf Zarina haar religie op, werd zij moslim en ging mee naar Zohir's huis.'

5   NATUUR EN MILIEU

Beste vriend en grootste vijand

Afgezien van enkele heuvels in Sylhet in het noordoosten en de Chittagong Hill Tracts in het zuidoosten is Bangladesh vlak. Het land is onderdeel van 's werelds dichtstbevolkte delta. De rivieren daarvan strekken zich ook uit over enkele noordelijke Indiase deelstaten en West-Bengalen. Waar ze de zee raken, zijn zij tot reusachtig brede stromen geworden, waarbij de Westerschelde en Oosterschelde vergeleken gemakkelijk bedwingbare wateren zijn. Ook al zou Bangladesh schatrijk zijn, dan nog zou het z'n delta niet kunnen temmen. Jaarlijks verwerkt het land 1.400 miljard kubieke meter water. Dat is genoeg om het met een laag nattigheid van tien meter te bedekken, gesteld dat het niet naar zee zou stromen. Een vijfde daarvan komt uit regenwolken, de rest uit het grote stroomgebied.

Bangladesh heeft een 500 kilometer lange kust en telt 250 rivieren. De belangrijkste zijn de Ganges, de Brahmaputra en de Meghna. De Meghna stroomt via de heuvels van Sylhet het land in. De Ganges en Brahmaputra, die na de samenvloeiing met de Tista Jamuna heet, komen uit het Himalayagebergte. De Jamuna en de Ganges komen in het midden van het land samen in de Padma. Een van de zijtakken is de Buriganga (letterlijk: oude Ganges), waaraan Dhaka ligt. In de regentijd stroomt het rivierwater zo ver de Golf van Bengalen in, dat de grens tussen zoet en zout water tientallen kilometers naar het zuiden schuift.

■ Verjaagd door het water

Sommige rivieren, zoals de Jamuna, 'dansen'. Wie op de heuvels aan de zuidkant van de Indiase deelstaat Meghalaya staat en de vlaktes van Bangladesh inkijkt, kan zien hoe ze hun loop veranderen. Meestal gaat dat in oostelijke richting en het kan enkele tientallen meters per jaar zijn. Aan de westkant van een rivier is dan vaak een kale strook grond zichtbaar, en aan de oostkant drukt het water zich tegen de kant aan. Dat verklaart waarom de westelijke districten Kushtia en Jessore steeds droger worden.

Voor sommige arme boeren en vissers heeft die verschuiving grote consequenties. Het gaat om mensen die op zogenaamde *char*-grond wonen, grond aan een rivier of in een rivier die droog komt te staan. Door rivierverschuiving en bij zware overstromingen kunnen zij zo maar worden verjaagd. Vaak ligt de westelijke overkant, waar nieuw land is toegevoegd, letterlijk te ver weg voor hen. Voordat ze een boot hebben kunnen lenen om hun beesten en huisraad over te zetten en het nieuwe stuk bezetten, heeft een machtig man dat daar al gedaan. Er is ooit onderzoek gedaan naar het aantal mensen dat *char*-grond gedwongen verlaat. In de periode 1981-1993 waren dat er bijna 64 duizend per jaar. Die moeten het dan maar op een andere overbevolkte plaats zien te redden.

Arseen
Als je als bezoeker een beker water krijgt aangereikt, zegt de gastheer tegenwoordig soms: 'Maak je niet ongerust, het is zuiver water.' Dat moet hij wel zeggen: op veel plaatsen in Bangladesh en West-Bengalen komt arsenicum (dat er van nature voorkomt) met het grondwater mee naar boven. Dat water wordt zowel voor consumptie als irrigatie gebruikt. Veel van die putten zijn de afgelopen decennia met westers geld geslagen. Wie teveel arseen binnenkrijgt, wordt ziek. Die krijgt donkere vlekken op handen of voeten of, nog erger, een tumor aan lever, nieren of longen. Het verband tussen arseen en kanker werd pas begin jaren negentig ontdekt. Volgens de Wereldgezondheidsorganisatie (WHO) lopen 36 miljoen mensen in Bangladesh en West-Bengalen gevaar. De komende jaren kunnen er hon-

Jamuna-brug

Een groot knelpunt in Bangladesh was altijd de geïsoleerde ligging van het noordwesten. De reusachtige Jamuna-rivier zonderde het gebied af van de rest van het land, en bleef daardoor ook minder ontwikkeld. Tegelijk werden er in het noordwesten veel rijst en andere gewassen verbouwd, waaraan grote behoefte was in de grote steden in de rest van het land. Veerboten hadden twee uur nodig voor de oversteek. Vrachtwagens stonden vaak 36 uur in de rij voordat zij op een boot kwamen.

Vanaf de onafhankelijkheid dacht elke regering na over wat zij daaraan kon doen. Eind jaren tachtig besloten regering en enkele internationale donoren tot het waagstuk de rivier te overbruggen. Het werd Bangladesh' grootste infrastructuurproject ooit. De brug moest geschikt zijn voor normaal verkeer, treinen en gas- en elektriciteitsleidingen. Er schreven zo'n honderd bedrijven in. Tien ervan mochten een offerte indienen. Uiteindelijk ging de opdracht naar een combinatie van drie consortia uit Groot-Brittannië, Nederland en Bangladesh. De Nederlandse deelnemer Nedeco bestond uit het Waterloopkundig Laboratorium en Grondmechanica Delft, Rijkswaterstaat, het Nederlands Economisch Instituut en Haskoning.

De drie consortia werkten enkele jaren aan studies en ontwerpen. Daarbij legde het Britse consortium zich toe op de brug zelf. De Nederlanders bestudeerden de rivierwerken. Dat was geen makkelijke opdracht omdat de Jamuna een 'dansende' rivier is, waarvan de oevers regelmatig verschuiven. Bangladesh Consultants wierp zich op de aanvoerwegen. Toen de voorstudies waren afgerond, moest er weer worden ingeschreven voor de uitvoering van de plannen; de drie slaagden er opnieuw in de opdracht naar zich toe te trekken.

Na vier jaar bouwen werd de 4,8 kilometer lange Jamuna Bridge in 1998 geopend. De brug behoort tot de elf langste ter wereld. In de handboeken voor waterbouwkunde staan de burg, de rivierwerken en de aanvoerwegen bekend als een technisch hoogstandje. De drie consortia waren tevreden over de onderlinge samenwerking. Het belang voor het land ligt in de economische ontsluiting van het noordwesten.

derdduizenden doden vallen. Er zijn al veel slachtoffers, maar het probleem is dat in veel dorpen de doodsoorzaak niet wordt geregistreerd. Meestal wordt dan maar tbc als doodsoorzaak opgeschreven. De WHO heeft Bangladesh en India opgeroepen het water beter te controleren. Er is een keurmerk in de maak voor zuiver drinkwater. En er wordt gediscussieerd over de schuldvraag: hadden de hulporganisaties die de waterpompen ooit verstrekten dit probleem niet moeten voorzien?

■ Gevoelig voor natuurrampen

Het dichtstbevolkte land ter wereld trekt natuurrampen aan als een magneet. Dat heeft enerzijds te maken met de geografische ligging aan de zeer onrustige Golf van Bengalen en met de door de ontbossing snel toenemende hoeveelheid regenwater uit het Himalaya-gebergte, en anderzijds met armoede en onderontwikkeling. Klimaatverandering is ook een groot gevaar: stijging van de zeespiegel met een meter, betekent dat tien tot vijftien miljoen mensen een andere woonplek moeten zoeken.

Overstromingen zijn overigens onmisbaar in een land waar de rijstteelt erg afhankelijk is van water. Ze vinden elk jaar plaats – en het kost altijd slachtoffers – maar hun aantal blijft voor lokale begrippen doorgaans binnen de perken. Dit zijn de zogenaamde *borsha,* de normale overstromingen. Iedereen weet dat ze komen en dat ze nodig zijn, vooral voor de verbouw van amanrijst. Ook in rustige jaren gebeuren daarbij overigens nog altijd ongelukken, doordat het plotseling snel stijgende water grond en huizen wegspoelt.

In 2004 ging het ook weer mis. De drie grootste rivieren – Ganges, Brahmaputra en Meghna – traden eind juni/begin juli buiten hun oevers. Dat leidde vooral in het noordoosten en noordwesten tot grote problemen: tientallen doden, duizenden daklozen en grote schade aan gewassen.

Een uitzonderlijk grote overstroming wordt een *bonna* genoemd. In 1999 verloren maar liefst duizend mensen het leven, een miljoen mensen raakten dakloos en 16.000 km weg en 4.500 km dijk verdwenen in het water. Oogsten op een half miljoen hectare *aman*-rijst gingen geheel of gedeeltelijk verloren. Veel gezinnen konden daardoor hun leningen niet afbetalen. Enkele kleinere microkredietbanken raakten daardoor weer in de problemen. Ook de overstromingen van 1987 en 1988 waren bonna. Ze leidden tot

Nationaal park Sundarban

Ten zuiden van Khulna liggen de Sundarban. Ze maken deel uit van 's werelds grootste mangrovebos. Een boottocht door de Sundarban is een indrukwekkende belevenis. De mangrovebomen staan op tientallen grote en kleine eilanden, die ook huisvesting bieden aan de Bengaalse tijger. Hoewel er nog tussen de 250 en 400 rondzwerven, en kranten elk jaar wel berichten over iemand die door een tijger is aangevallen, worden ze zelden waargenomen. Wat men wel ziet zijn tal van soorten vogels, hagedissen, reeën en apen. Veel dieren zijn te zien aan de oevers, waar ze komen om te baden of te drinken.

Visvangst vervangt op veel plaatsen rijstverbouw

meer systematische aandacht van overheid en particulier initiatief voor dit soort rampen, en resulteerden ondermeer in de aanleg van een lange dijk rond Dhaka, met daarop een ringweg.

Naast overstromingen kent Bangladesh nog meer soorten natuurrampen. Het bekendst zijn de cyclonen in vooral het kustgebied. Ten minste vijf miljoen Bengalezen wonen in dit cycloongevoelige, hoogrisicogebied. De meesten zijn landarbeider en bezitten nauwelijks iets. Ze werken op het land, in garnalen- en zoutbedrijven of gaan uit vissen. Als er veel te doen is, komen er arbeiders uit de rest van het land bij, en kan de bevolking met 30 procent toenemen. Juist die nieuwstoegestroomde bevolking heeft niets om op terug te vallen en is het kwetsbaarst.

Bij de grote cycloon van 1991 bleek ook de kwetsbaarheid van de havenstad Chittagong. Kranen gingen tegen de vlakte. Schepen woeien om. Opslagloodsen raakten lek. Toen echter bleek al het positieve effect van schuilplaatsen en andere maatregelen van de overheid, gericht op het indammen van de gevolgen van cyclonen.

Ook droogte kan in het waterrijke Bangladesh rampzalige gevolgen hebben. Een enkele keer, zoals in 1989 en 1994, valt er in het droge seizoen (november-april), nauwelijks een druppel regen. Of er valt te weinig regen in de regenmaanden mei-oktober. Vooral de aman-oogst lijdt daar onder, en er ontstaat gebrek aan drinkwater. Dat heeft de boeren ertoe gebracht steeds meer *boro*-rijst te gaan verbouwen, irrigatieafhankelijke winterrijst. De gevolgen van droogte zijn zichtbaar in Sylhet. Daar verdwijnen de bossen, ontstaan bruine plekken. Het woord 'verwoestijning' is al gevallen.

Aardbevingen tenslotte komen weinig voor, maar kunnen zeer ernstige gevolgen hebben. Door de aardbeving van 1950, met als epicentrum de

Indiase deelstaat Assam, sleepte de Brahmaputra-rivier ineens enorme hoeveelheden slib naar Bangladesh. De rivierbedding werd daardoor verhoogd, en dat was in de jaren erna medeoorzaak van extra zware overstromingen.

Rampenmanagement Bangladesh heeft de afgelopen jaren maatregelen genomen om de nadelige invloed van cyclonen terug te dringen. De duizenden kilometers kustdijken en polders die in eerdere decennia waren aangelegd, bleken niet voldoende om het geweld van wind en water te beteugelen.

Daarom zijn in het kustgebied zestienhonderd betonnen constructies gebouwd, die als schuilplaats kunnen dienen bij cyclonen. Ze staan op poten en de een of twee verdiepingen kunnen vijftienhonderd mensen herbergen. In rustige tijden worden ze ook als school of gemeenschapscentrum gebruikt. De schuilplaatsen bieden ruimte aan de helft van de bewoners van de gebieden met een hoog risico. Dat het helpt bleek in 1997, toen bij een cycloon (met windstoten van soms 230 kilometer per uur) 'slechts' tweehonderd mensen omkwamen, terwijl een miljoen mensen schuilden.

Ook heeft de overheid, in samenwerking met het Bengalese Rode Halve Maan en andere hulporganisaties, een radiowaarschuwingssysteem opgezet. Het is Azië's grootste radionetwerk. Het hoofdkwartier in Dhaka staat in verbinding met 143 lokale radiostations. Die staan weer in contact met 33 duizend dorpsvrijwilligers, die elk zijn uitgerust met megafoon en handsirene. De vrijwilligers zijn getraind om mensen te evacueren, eerste hulp te bieden en hen bij terugkeer opnieuw te helpen.

In veel kustplaatsen zijn comités opgezet die de gemeenschap voorbereiden op rampen. Daarbij worden vrouwen veelvuldig betrokken. Zij gaan van hut naar hut om de vaak vrouwelijke gezinshoofden uit te leggen wat te doen bij een ramp. De comités organiseren ook dat de bevolking dorpsdijken verhoogt en aarden verhogingen aanlegt, waar mens en dier bij nood een veilig heenkomen kunnen vinden.

Ook is veel gedaan om de gevolgen van uitzonderlijke overstromingen en droogtes op te vangen. Grootschalige verbouw van irrigatie-afhankelijke rijst is een van de antwoorden. Huporganisaties zijn efficiënter geworden in het distribueren van noodhulp en hulp bij wederopbouw. De aanwezigheid van NGO's in steeds meer dorpen heeft het sjoemelen met noodhulp op

Flora

Bangladesh kent een deels tropisch en deels subtropisch klimaat, en beschikt over een grote variëteit aan bloemen, planten en vruchten. In ieder dorp staan wel (fruit)bomen, zoals de *banyan* en mangobomen. Veel vijvers zijn bedekt met zo'n dikke laag waterhyacinten of lelies dat het lijkt of je er overheen kunt lopen. De witte waterlelie is de nationale bloem, maar er zijn ook rode en blauwe waterlelies. Hibiscus, jasmijn, bougainville, magnolia en diverse soorten orchideeën verfraaien het land. Naast mango's is er volop aanbod van kokosnoten, bananen, papaja's, lychees, *jack fruit*, citrusvruchten, watermeloenen, ananas en andere vruchten.

Cyclone shelters worden tevens benut als voedselopslagplek

De delta van de
Ganges/
Brahmaputra

Mangrovebossen in de Sundarban

PETER BARKER / PANOS PICTURES

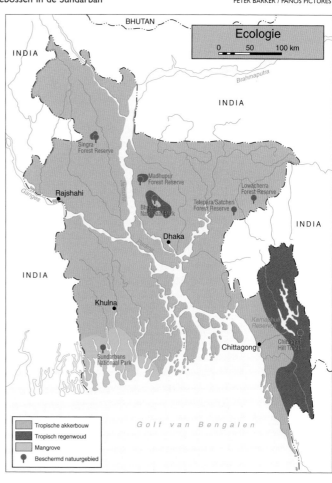

lokaal niveau verminderd. Onder de hulporganisaties is een discussie opge-
komen over het niet op tijd terugbetalen van kleine leningen door slachtoffers van natuurrampen. Enerzijds vindt men dat slachtoffers tegemoet
moeten worden gekomen, anderzijds schrikt men er voor terug de strenge
regels rond terugbetaling af te zwakken. Op aardbevingen is men nog helemaal niet voorbereid. En ook niet op mogelijke gevolgen van klimaatverandering.

Beter af in de stad? Dhaka (meer dan tien miljoen inwoners), Chittagong (>3 mln), Khulna
(>2 mln), Jessore, Rajshahi, Sylhet, Comilla, Barisal en veel andere steden
werken als een magneet op de armen en werklozen die niet langer weten
waar ze het in hun dorpen moeten zoeken. Veel overlevenden van cyclonen,
branden, gekapseisde veerboten en andere rampen – de Verenigde Naties
telden er in de afgelopen twee decennia 170 – trekken ten einde raad naar de
stad. Door hun komst groeit de stedelijke bevolking met bijna 8 procent per
jaar, vier keer zo snel als de bevolkingsgroei in de dorpen. Het aantal inwoners van Dhaka zal in 2015 meer dan verdubbeld zijn, waarmee de hoofdstad in de Top-5 komt van 's werelds grootste steden.

Toch is het de vraag of mensen in de stad er beter aan toe zijn dan op het
platteland. In en rond een dorp vindt een bedelaar altijd nog wel wat wilde
eetbare grassen, of iemand die hem wat toestopt. In de grote stad is dat
anders. Niemand kent je. Alleen als een bedelaar overlijdt, is er geld voor de
aanschaf van lange lappen ongebleekt katoen waarin, volgens de regels van
de islam, een dood lichaam wordt gewikkeld.

Er is de afgelopen jaren veel onderzoek gedaan naar de situatie van de
stadsarmen. Zij vormen ruim tweederde van de stedelingen. Ze hebben geen
grond om iets te verbouwen. Hun huizen zijn gemaakt van golfplaat, karton,
leem en bamboe. Een familie heeft vaak niet meer dan zes vierkante meter
om op te leven. Kinderen worden verwaarloosd omdat er vaak geen vader is,
en moeder overdag op zoek is naar werk. Volgens cijfers van de Wereldbank
heeft 90 procent van de mannen in volkswijken geen werk, en 60 procent
van de vrouwen. Ruim de helft van de kinderen in de volkswijken van
Dhaka, Chittagong en Khulna zit beneden het normale gewicht. Nieuwkomers hebben nog geen netwerken opgebouwd om de eerste maanden goed
door te komen. Heel veel onderkomens zijn illegaal gebouwd. Over electri-
citeit, stromend water (behalve uit de hemel) en andere voorzieningen hebben we het maar niet.

Vervuiling in de steden Geen wonder dat steden in Bangladesh vies zijn. Overal ligt zwerf-
vuil. Passagiers van bootjes die vanaf oud-Dhaka de Buriganga willen over-
steken, houden een lap voor hun neus om de stank tegen te houden. In een
arm land als Bangladesh wordt zoveel mogelijk afval hergebruikt. Er gaat
geen blikje, papiertje of lapje weg. Voor alles is een nieuwe bestemming te

vinden. De 3.500 ton afval, goed voor zevenhonderd volle vrachtwagens, die de inwoners van de Bengalese hoofdstad elke dag produceren, bestaan voor meer dan driekwart uit etensresten. Maar de vuilnisophaaldienst haalt hoogstens de helft hiervan op. De rest blijft liggen. De diverse industrieterreinen in de hoofdstad braken elke dag 12.000 kubieke meter chemisch afval uit. Dat lozen zij in rivieren en vijvers. In sommige vijvers getuigen de dode vissen daarvan.

■ Voor een beter milieu

Bangladesh heeft drie soorten bos. Naast de mangrovebossen in de Sundarban zijn er heuvelbossen in het noordoostelijke Sylhet en de zuidoostelijke Chittagong Hill Tracts en wat kleine vlakke bossen in de districten Dhaka, Mymensingh, Tangail, Rangpur en Dinajpur. Het bosoppervlak wordt snel kleiner. Vooral in heuvelachtige gebieden leidt dat tot erosie. Boeren ploegen bosgrond om tot akkerland en er wordt veel gekapt, legaal en illegaal. Zo'n tweehonderdduizend mensen verdienen hun brood in de houtverwerkingsindustrie, in bedrijfjes variërend van zagerijen tot luciferfabriekjes.

Organische landbouw Het Bangladesh Agricultural Research Institute (BARI) steunt Waste Concern (zie kader hieronder) en vergelijkbare initiatieven van harte. BARI maakt zich grote zorgen over het kritiekloze en grootschalige gebruik van kunstmest sinds het begin van de jaren zeventig. De chemicaliën breken op veel plaatsen de natuurlijke bodemecologie af. Dat beïnvloedt de opbrengsten nadelig. Onderzoek heeft uitgewezen dat viervijfde van het landbouwareaal organisch erg verarmd is.

Heel weinig boeren zijn zich daarvan bewust. Organische landbouw komt weinig voor in het land. Toen Daud in het dorp Jhagrapur een stukje land had gekocht, probeerde hij het. 'Ik had geen geld om kunstmest te kopen.' Hij verzamelde bladeren van waterlelies uit de dorpsvijvers en liet die composteren maar 'omdat ik met die organische bemesting de enige in het hele dorp was, hield ik het niet vol.' De dorpelingen zeiden dat met organische

Afvalverwerking

In 1995 konden stedenbouwdeskundigen Masqood Sinha en Iftekhar Enayetullah, het vuil op straat niet langer aanzien. Via de Lions Club kregen ze een stukje grond in een arme wijk van Dhaka. Dat was het begin van Waste Concern. Werkloze buurtbewoners kregen een bakfiets waarmee ze de huizen af konden gaan om het organisch afval op te halen. De initiatiefnemers maakten houten piramides waarin het afval in 55 dagen composteerde. De compost werd weer verkocht. Na enige tijd moesten huishoudens, waar het organisch afval dagelijks werd opgehaald, een paar *poisa* daarvoor betalen. Binnen drie jaar liepen vergelijkbare projecten in drie andere volksbuurten. Anno 2003 opereert Waste Concern ook in andere steden van Bangladesh. Inmiddels heeft de organisatie een overeenkomst gesloten met een kunstmestfabriek voor de leverantie van tweehonderd ton organische compost per jaar.

■

mest verbouwde rijst minder opbrengt dan rijst met kunstmest. Onderzoekers van BARI bestrijden dat. Bij proeven met het kweken van aardappelen bereikten zij met organische mest betere resultaten dan met kunstmest. Een enkele boer in Jhagrapur combineert de twee. Boer Uzzol: 'Om het land gereed te maken, gooi ik er koeienmest over heen. Als de rijst eenmaal groeit, dan gebruik ik kunstmest.' Maar de meeste boeren gebruiken alleen kunstmest en denken zelden na over de mogelijke consequenties daarvan.

Gas

In de jaren vijftig werd gas ontdekt in Sylhet. Bangladesh kon dat goed gebruiken. Het maakte het bijvoorbeeld mogelijk een eigen kunstmestfabriek op te zetten. Dankzij het eigen gas zijn honderdduizenden huishoudens niet langer afhankelijk van de steeds schaarser wordende hout en kolen. Inmiddels zijn ook in de Golf van Bengalen gas en olie aangetroffen.

De Verenigde Staten en enkele andere donoren dringen er al jaren op aan bij de regering van Bangladesh om gas te exporteren naar de buurlanden. Een Amerikaans bedrijf heeft vergevorderde plannen voor de aanleg van een 1.360 km lange pijpleiding naar New Delhi, en voor een onderzeese leiding door de Golf van Bengalen naar Andhra Pradesh.

Tot nu toe hebben achtereenvolgende regeringen dit besluit niet aangedurfd. De export van gas kan inderdaad de afhankelijkheid van buitenlandse hulp verminderen. Maar de schattingen van de aanwezige hoeveelheid gas lopen sterk uiteen. Regeringsonderhandelaars zien ook op tegen moeizame onderhandelingen met milieuorganisaties enerzijds, en de zeer ervaren westerse maatschappijen aan de andere kant. Eind 2003 lieten Koninklijke Shell en Chevron Texaco weten geen nieuwe gasavonturen aan te willen gaan. Het duurde hen allemaal te lang. De discussie gaat overigens onverminderd verder.

Sociale bosbouw

Door samenwerking tussen de overheid, lokale grondeigenaren, groepen landlozen en de Synergy Foundation, een lokale organisatie die zich specialiseert in herbebossing door armen, worden in de Chittagong Hill Tracts tienduizend hectare braakliggend land herbebost. Een fabrieksdirecteur uit het gebied met 80 hectare grondbezit zegt: 'Onze fabriek kapte bomen zonder nieuwe te planten. Wij realiseren ons dat wij de lucht verontreinigen. Maar we kunnen de fabriek niet sluiten. Wel kunnen we de schade minimaliseren door grond beschikbaar te stellen en boomaanplant te stimuleren.' Inmiddels zijn enkele groepen landlozen van elk zo'n twintig mannen en vrouwen aan de slag gegaan. Zij hebben al 220 duizend bomen en bamboes geplant. Zij verdienen meteen wat aan de verkoop van jonge bomen, die zij weghalen om de nieuwe bossen uit te dunnen. Afhankelijk van hun eigen inspanningen kunnen zij tussen de bomen in groentes, bananen, kruiden en andere gewassen planten. Het Synergy model van herbebossing wordt overgenomen in andere Aziatische landen.

SLOT

Blijft Bangladesh groeien?

Bangladesh verkeert in een spannende fase. De eerste twintig jaar na de onafhankelijkheid had het land nodig om overeind te krabbelen en zelfstandig te worden. Het gevecht om de macht slorpte veel energie op en ging ten koste van een stevige aanpak van armoede en ongelijkheid. De invloed van het leger en de onverdraagzaamheid spelen nog altijd een belangrijke rol, zowel landelijk als lokaal. Maar er ontstond ook een krachtig maatschappelijk middenveld, dat veel gaten vult die de overheid laat vallen op onderwijsgebied, in de gezondheidssector en in het algemeen bestuur. Dat verschil in ontwikkeling tussen de gouvernementele en niet-gouvernementele sector maakt Bangladesh uniek.

Corruptie is er nog volop en de rechten van veel mensen worden veelvuldig geschonden. Toch is ook hier vooruitgang geboekt. Vrouwen krijgen minder kinderen en meer onderwijs. Hier en daar organiseren zij zich en komen zij op voor hun rechten. De bijzondere positie van de oorspronkelijke bewoners in de Chittagong Hill Tracts wordt nu in ieder geval erkend, hun stem wordt gehoord. De kloof tussen arm en rijk in Bangladesh is toegenomen, maar de arme boeren en vissers op het platteland en de werklozen in de steden hebben het toch iets beter dan vroeger.

Bengalezen zijn ook meer dan voorheen geneigd de ontwikkeling van hun land weer in eigen hand te nemen. Daarbij kijken ze kritischer naar hun eigen rol en ook naar die van het buitenland. Het gat, dat het Pakistaanse leger op bloedige wijze in 1971 sloeg door de moord op duizenden intellectuelen, is gedicht. Het land beschikt over capabele mensen en instellingen.

Wil Bangladesh blijven groeien, dan moet het een aantal uitdagingen aangaan:
• Op gebied van de voedselproductie zijn dringend maatregelen nodig tegen de uitputting van de bodem en erosie;
• In het tijdperk van globalisering en vrijhandel moet het land verder industrialiseren en nieuwe producten en markten ontwikkelen. Het zal snel creatieve maatregelen moeten bedenken om de verwachtte honderdduizenden ontslagen in de textielsector (als gevolg van de toegenomen internationale concurrentie) op te vangen;
• Net zoals er manieren zijn gevonden om de gevolgen van cyclonen en uitzonderlijke overstromingen in te dammen, moet er inventief worden omgegaan met de grote gevaren van klimaatverandering;
• Op bestuurlijk gebied is een cultuuromslag nodig, waarbij politie en leger

een meer dienende functie krijgen en de corruptie beter wordt bestreden. Ook moet worden gezocht naar manieren om de machtige NGO's op een democratische wijze te controleren;

- Op religieus gebied zal de bevolking de traditie van tolerantie moeten behoeden. Armoedebestrijding en tegengaan van wanbeheer zijn daarbij van groot belang;
- Bangladesh zal iets moeten doen aan de grote verschillen tussen rijk en arm. Via belastingen. Via prijsbeleid. Door het tegengaan van corruptie en zwarthandel.

Maar als het land zich blijft ontwikkelen, als de mensen hun veerkracht behouden en blijven geloven in ontwikkeling, zal er altijd voldoende zichtbaar blijven van het *Sonar Bangla*, het Gouden Bengalen.

RELATIES MET NEDERLAND EN BELGIË

Voor de Nederlandse ontwikkelingshulp is Bangladesh een partnerland, voor België is het dat sinds eind 2003 niet meer. Veel hulpinstellingen in beide landen steunen organisaties in Bangladesh. Nederland had al voor de onafhankelijkheid een hulprelatie met Bangladesh en heeft die daarna flink uitgebouwd. De hulp bedraagt gemiddeld 30 miljoen euro per jaar. Veel aandacht is altijd uitgegaan naar waterbeheer. De afgelopen jaren droeg Nederland bij aan de formulering van een *National Water Management Plan* en aan activiteiten zoals duurzame watervoorziening voor de landbouw, ontwikkeling van de kustzone (met zorg voor de kwetsbaarheid van de lokale bevolking) en het uitbaggeren van dichtslibbende rivieren. Verschillende Nederlandse ingenieursbureaus spelen hierbij een belangrijke adviserende rol. Het Nederlandse ministerie van Verkeer en Waterstaat heeft een samenwerkingsovereenkomst (*twinning*) gesloten met het Bengalese ministerie van Water Resources.

Basisgezondheidszorg is een andere prioriteit. Bangladesh heeft nu een *Health and Population Sector Programme* en een *National Nutrition Programme*. Voor de verbetering van de gezondheid en het welzijn is in het bijzonder gekeken naar de situatie van vrouwen, kinderen en armen. Samen met andere donoren steunt Nederland de ontwikkeling en uitvoering van deze plannen via zogenaamde *basketfunding*: de donorgelden komen in één pot terecht.

Nederland en vijf andere donoren steunen het onderwijsprogramma van de organisatie BRAC. Nederland overlegt ook met Bangladesh over steun aan en verbetering van het door de overheid georganiseerde onderwijs. Nederland steunt de inspanningen van de *Rural Electricity Board* om de infrastructuur aan te leggen waarmee het plat-teland van elektriciteit kan worden voorzien, en vervolgens de elektriciteit te distribueren via rurale coöperaties.

Een groot aantal particuliere Nederlandse hulpinstellingen steunen projecten en programma's in Bangladesh. Daarbij spelen de medefinancieringsorganisaties Cordaid (40 partners), Novib (20 partners) en ICCO (20 partners) een belangrijke rol. Ook Plan Nederland, Artsen zonder Grenzen, Terre des Hommes en Simavi zijn er actief.

België steunde Bangladesh sinds 1985. Omdat België vrijwel geen bilaterale hulp meer aan Bangladesh verstrekt, is het land van de lijst van partnerlanden afgevoerd. De meeste hulp verloopt nu via Belgische NGO's als Broederlijk Delen, Damiaan Fonds, en Plan België, of via universitaire kanalen. Zo steunt België het *International Centre for Dairy Diseases Research* in Bangladesh.

Handel
Op handelsgebied geldt dat Bangladesh in het algemeen meer uitvoert naar onze landen dan het invoert. Zo voerde Nederland in 2002 goederen ter waarde van ruim 235 miljoen euro in uit Bangladesh en België voor zo'n 280 miljoen euro. De uitvoer bereikte in dat jaar een omvang van 76 miljoen euro voor Nederland en 36 miljoen euro voor België. De uitvoer van Bangladesh naar Nederland en België bestaat vooral uit garens, kleding en textiel en vis(-producten), die veelal via de havens van Rotterdam en Antwerpen hun eindbestemming in andere Europese landen bereiken. Nederland en België voeren vooral chemische producten, voedingsmiddelen, machines en metalen uit naar Bangladesh. Het handelsverkeer met Bangladesh vertoont de laatste jaren een stijgende lijn.

REISINFORMATIE

Bangladesh heeft veel te bieden aan wie van de gebaande paden wil afwijken. Omdat het zo vlak is, is het ideaal voor fietsers. Voor iedereen zijn er strand en zee in het zuidoosten en tochten door mangrovebossen in het zuidwesten. Het groen van de rijstvelden is overal een lust voor het oog. Dat geldt ook voor de vele rivieren. Het land beschikt over bossen en theeplantages. De Chittagong Hill Tracts zijn een bezoek waard. Bangladesh biedt, naast moderne architectuur, monumenten uit de Mogul- en Britse periodes en hindoeïstische en boeddhistische tempels. Het heeft redelijk wat musea die de moeite waard zijn.

BESTE REISTIJD
De meest aangename tijd om het land te bezoeken is de droge winter tussen november en maart. Het is dan minder vochtig en veel koeler dan in andere seizoenen. 's Nachts kan de temperatuur dalen tot onder de 5 graden C. Van maart tot mei is de kleine regentijd. Luchtvochtigheid en hitte nemen dan toe. Die bereiken hun climax in de regentijd van juni tot oktober. Het voordeel van de regentijd is dat die de reiziger een duidelijk beeld geeft van hoe het land dan is. Cyclonen komen vooral voor aan begin en einde van de grote regentijd.

VERVOER EN ACCOMODATIE
De reiziger kan rechtstreeks naar Dhaka vliegen en vandaar uit zijn verkenningstocht beginnen. Ook kan men vanuit West-Bengalen naar Bangladesh reizen, via Jessore, en dan de rest van het land verkennen. Hotels zijn er in alle prijzen en klassen. Het leven is er naar onze maatstaven erg goedkoop, zeker buiten de hoofdstad.

REISDOCUMENTEN
Visa zijn verplicht voor Nederlanders en Belgen. Ze zijn makkelijk te verkrijgen bij de ambassades in Den Haag en Brussel.

GEZONDHEID
Malaria is een probleem. Een cholerastempel is verplicht, evenals vaccinaties tegen hepatitis A, tyfus en polio. Neem geen risico met drinkwater. Voor lange reizen eigen drinkwater meenemen. Let bij de aankoop ervan op dat het geen met kraanwater gevulde nepfles is. In de steden is het water beter.

VEILIGHEID
Voor de buitenlander is Bangladesh een relatief rustig land. Er zijn geen berichten dat westerse reizigers worden lastig vallen, behalve door zakkenrollers. In het algemeen wordt men gerespecteerd. Draag zo min mogelijk waardevols bij je en berg het goed op. Loop bij algemene stakingen (*hartals*), demonstraties en samenscholingen een straatje om, zeker in verkiezingstijd. De veiligheid in de Chittagong Hill Tracts blijft een punt van zorg. Van tevoren melden bij de lokale autoriteiten is nodig.

AANBEVOLEN REISGIDSEN/KAARTEN
De beste reisgids is die van *Lonely Planet*. December 2004 verschijnt de 5de editie. Deze uitgever biedt ook een gedetailleerde *Roadatlas India & Bangladesh*, 2001 (geen losse kaarten). Ook zijn er prima nieuwe kaarten van ITMB (Vancouver, Canada), *Bangladesh*, schaal 1:750.000 (2003) en Nelles Verlag (München, Duitsland) *Northeastern India/Bangladesh*, schaal 1:1.500.000 (2003).

REISLITERATUUR
Newby, E., *Langzaam de Ganges af.* Haarlem 2001
Rotthier, R., *Koranroute.* Amsterdam/Antwerpen, 2003
Bandopadhyana, M., *Roeier op de Padma.* Houten, 1983

ADRESSEN
Ambassade van Nederland in Bangladesh
Road 90, House 49 Gulshan, Dhaka
Tel.: +880 (2) 882 2715 / 18
Fax: +880 (2) 882 3326
E-mail: nlgovdha@citechco.net
Website: www.citechco.net/netherlands

België heeft geen ambassade in Bangladesh,
slechts een consulaat. De Belgische belangen
worden behartigd vanuit de ambassade in
Thailand.
Sathorn City Tower – 17th floor
175 South Satorn Road
Tungmahamek – Bangkok 10120
P.O. Box 1659 Bangkok
Tel.: +66 (2) 679 5454
Fax: +66 (2) 679 5467
E-mail: bangkok@diplobel.org
Website: www.diplomatie.be/bangkoknl

Consulaat
C/o Apex Footwear Ltd.
Celebration Point (1st floor)
Road 113A, Plot 3&5
Gulshan 2, Dhaka 1212
Tel.: +880 (2) 882 8258
Fax: +880 (2) 882 1591
E-mail: smelashi@siriusbb.com

Ambassade Bangladesh in Nederland
Wassenaarseweg 39
2596 CG Den Haag
Tel: 070 3283 722
Fax: 070 3283 524

Consulaten zijn er in Rotterdam (tel. 010 436
7636) en Amsterdam Zuidoost (tel. 020 563 4015)

Ambassade van Bangladesh in België
J. Jordaensstraat 29-31
1000 Brussel
Tel.: 02 640 5500 / 06
Fax: 02 646 5998

In Antwerpen is een consulaat (tel.: 03 225 3141)

Centraal meldpunt voor bezoek aan Chittagong
Hill Tracts
Chittagong Divisional Commissioner
Tel. en fax: 031 617 400

DOCUMENTATIE

NASLAGWERKEN

Ahmed, Nazimuddin, *Buildings of the British Raj in Bangladesh*. Dhaka, 1986

Akter Banu, U.A.B. Razia, *Islam in Bangladesh*. Leiden, 1992

Alam, A.K.M. Shamsul, *Sculptural Art of Bangladesh*. Dhaka, 1985

Arens, J. en J. van Beurden, *Jhagrapur: Poor Peasants and Women in a Village in Bangladesh*. New Dehli, 1982

Arens, J en K. Mishan Chakma, *Bangladesh: Indigenous Struggle in the Chittagong Hill Tracts*, in: Searching for Peace in Central and South Asia. Utrecht, 2002

Blanchet, Terese, *Lost Innocence, Stolen Childhoods*. Dhaka,1996

Dunham, Mary Frances, *Jarigan: Muslim Epic Songs of Bangladesh*. Dhaka, 1997

Friedman, Matthew S., *Bangladesh Metal Casting: Five Techniques*. Dhaka, 2001

Haque, Enamul, *Chandraketugarh: A Treasure-House of Bengal Terracottas*. Dhaka, 2001

Pitlo, R.W.H., *Een vergeten beschaving: Het Rijk der Groot-Mogols in Voor-Indië in de 16de en 17de eeuw*. Haarlem, 1958

Schmuck-Widmann, Hanna, *Living with the Floods, Survival Strategies of Char-Dwellers in Bangladesh*. Berlijn, 1996

Sengupta, Dipankar en Sudhir Kumar Singh, eds., *Minorities and Human Rights in Bangladesh*. New Dehli, 2003

Siddiqui, Tasreen, *Transcending Boundaries: Labour Migration of Women from Bangladesh*. Dhaka, 2001

WEBSITES

www.bangladeshgov.org (overheid)
www.banglarights.net (Bangladesh Human Rights Network)
www.grameen-info.org (Grameen Bank)
www.brac.net (Bangladesh Rural Advancement Committee)
www.wasteconcern.org (Waste Concern)
Veel is te vinden via *www.bangladesh.pagina.nl*

Siddiqui, T en C.R. Abrar, *Migrant Workerrs Remittances and Micro-finance in Bangladesh*. ILO, 2002

RAPPORTEN

CHT Commission, *Life is not Ours: Land and Human Rights in the Chittagong Hill Tracts, Bangladesh*. Copenhagen/Amsterdam, 1991 (last update 2000)

International Federation of Red Cross and Red Crescent Societies, *World Disasters Report 2002: Focus on reducing risk*. Geneva, 2002

IOB/Ministerie van Buitenlandse Zaken, *Bangladesh: Evaluation of the Netherlands Development Programme with Bangladesh, 1972-1996* (three volumes). Den Haag, 1996

LITERATUUR

Ali, Monica, *Brick Lane*. Amsterdam, 2003

Azim, Firdous en Niaz Zaman, eds., *Different perspectives: Women writing in Bangladesh*. Dhaka, 1998

Nasrin, Taslima, *Lajja – Schaamte*. Baarn, 1994

Springer, F., *Verre Paradijzen*. Amsterdam, 2004 (bevat het verhaal Bougainville dat in Bangladesh speelt)

Noot van de redactie: niet alle genoemde titels zijn in de boekhandel meer leverbaar.
Met dank aan Reisboekhandel Zandvliet, Leiden.

MUZIEK

The Deben Bhattacharya Collection: Echoes from Bangladesh
(traditional songs and freedom songs)

KERNCIJFERS (2003, tenzij anders aangegeven)

BEVOLKING (zie ook pag. 28)
Leeftijdsopbouw:
0-14 jaar: 34,1%
15-64 jaar: 62,5%
65 plus: 3,4%
Gemiddelde leeftijd: 21,2 jaar
Stedelijke bevolking: 26% (2000)
Groei stedelijke bevolking: 4,3%
(gem. 2000-2005)
Analfabetisme (niet kunnen lezen en schrijven, >15 jaar): mannen 51%, vrouwen 70%

Gebruik moderne voorbehoeds-middelen (vrouwen 15-49 jaar): 43%
Aantal baby's per duizend meisjes in de leeftijd van 15-19 jaar: 117
Kindersterfte (<5 jaar, per 1.000 levendgeborenen): jongens 85, meisjes 90
Overheidsbudget dat wordt besteed aan onderwijs: 7,3%

Overheidsbudget dat wordt besteed aan gezondheidszorg: 1,4%
Human Development Index (ranglijst van landen, gemeten naar levensverwachting, onderwijsprestaties en inkomen per hoofd van de bevolking): nr. 139 (van 175 landen)

ECONOMIE (ZIE OOK PAG. 46)
Munteenheid: taka
Wisselkoers: bijna 58 taka in een dollar (2002)
Natuurlijke hulpbronnen: gas, vruchtbaar land, hout, kolen
Samenstelling BNP naar sector: 22,7% landbouw (1998: 25,4%), 26,4% industrie, 50,9% diensten (2002)
Werkloosheid: 40% (schatting 2002, incl. verborgen werkloosheid)
Inflatie: 3,1% (2002)
Balans lopende rekening (% BNP): 474,2 miljoen dollar tekort (2002)

Totale buitenlandse schuld (miljoenen dollars): 11 miljard dollar
Militaire uitgaven (% van BNP): 1,8%
Ontwikkelingshulp per hoofd van de bevolking: 6,7 dollar (1998: 9,1)
Buitenlandse handel:
Saldo handelsbalans: 2,3 miljard dollar tekort (2002)
Export 2002
Omvang: 6,2 miljard dollar
Belangrijkste producten: kleding, jute(-producten), leer, vis
Belangrijkste partners: VS 27,6%, Duitsland 10,4%, VK 9,8%,

Frankrijk 5,7%, Italië 4%
Import 2002
Omvang: 8,5 miljard dollar
Belangrijkste producten: machines en apparaten, chemicaliën, ijzer en staal, textiel, voedsel, olie(-producten), cement
Belangrijkste partners: India 14,6%, China 11,6%, Singapore 11,5%, Japan 7,6%, Hongkong 5,4%, Zuid-Korea 4,3%

COMMUNICATIE
Telefoon (vast en mobiel per 1000 inwoners): 13,2 (2002)
Personal computers(per 1000 inwoners): 3,4 (2002)
Internetgebruikers: 204.000

NATUUR EN MILIEU
Bosgebied: 10,2% van totaal landoppervlak (1990: 9%)
Bevolking met toegang tot veilig drinkwater: 98%
Elektriciteitsproductie: fossiele brandstoffen 93,7%, waterkracht 6,3%

Bronnen:
CIA World Factbook 2004
UNDP Human Development Report 2003
UNFPA State of the World Population 2003
World Bank Country profiles 2004

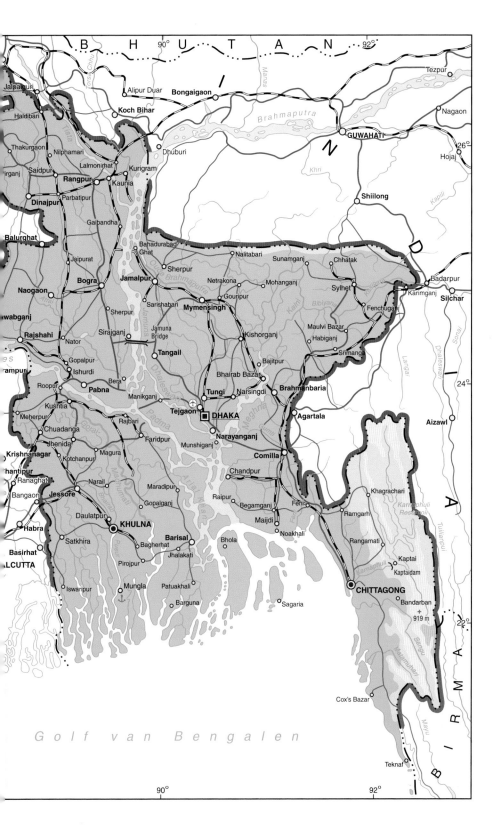

BANGLADESH

0   75   150 km

▬▬▬▬	staatsgrens Bangladesh
— · · · —	andere staatsgrens
DHAKA	hoofdstad
◼	stad met meer dan 10 miljoen inw.
◉	stad met 1 miljoen - 10 miljoen inw.
○	stad met 500.000 - 1 miljoen inw.
○	stad met 100.000 - 500.000 inw.
○	stad met 50.000 - 100.000 inw.
○	andere plaatsen
———	hoofdweg
———	secundaire weg
▬ ▬ ▬	spoorlijn
~~┤	rivier (met dam)
⬭	meer / reservoir
+	bergtop (hoogte in m.)
⊕	internationale luchthaven
⚓	belangrijke zeehaven

Hoogte in meters:

▢	0 - 200 m
▢	200 - 500 m
▢	500 - 1000 m
▢	1000 - 1500 m

ail
n / Brussel 12.00 uur
13.00 uur)
00 uur

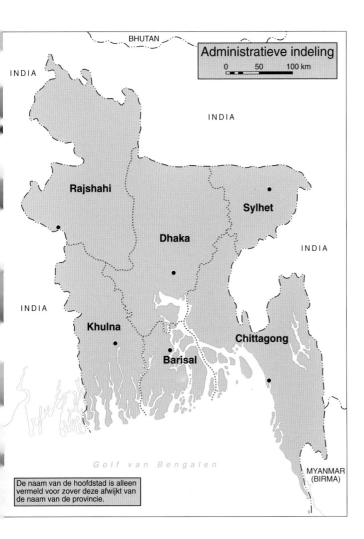

0   50   100 km

BHUTAN

INDIA

INDIA

INDIA

INDIA

INDIA

Rajshahi

Sylhet

Dhaka

Khulna

Chittagong

Barisal

Golf van Bengalen

MYANMAR
(BIRMA)

De naam van de hoofdstad is alleen
vermeld voor zover deze afwijkt van
de naam van de provincie.

Tijdsversc
Amsterda
(zomertijc
Dhaka 17

Geografie

Officiële naam: Volksrepubliek Bangladesh
Coördinaten: 24 00 N, 90 00 O
Ligging: Zuid-Azië, gelegen aan de Baai van Bengalen, tussen
Myanmar/Birma en India
Oppervlakte: 144.000 km² (waarvan 10.090 km² water)
Kustlijn: 580 km
Landgrenzen: 4.246 km (Myanmar/Birma 193 km, India 4.053 km)
Hoogste punt: Keokradong (1.230 m)
Laagste punt: Indische Oceaan (0 m)
Klimaat: tropisch; milde winter (oktober-maart), hete, vochtige zomer
(maart-juni), vochtig warme moesson (juni-oktober)
Fysisch milieu: grotendeels aangeslibd vlak land, heuvelachtig in het
zuidoosten